# 体験者がつづる近江絹糸人権争議

## 自由と人権を求めて

白石道夫 編著
Michio Shiraishi

文理閣

# まえがき

昨年（二〇一四年）は、近江絹糸「人権争議」から六〇年という節目の年でした。二年ごとに開かれてきた近江絹糸彦根工場ＯＢ会総会が、六〇周年記念として八月三〇日（土）に彦根ビューホテルで開かれました。青森から鹿児島まで全国から二三六名のなかまが参加しました。このうち、争議経験者は一〇〇名弱でしたが、当時の争議を振り返りながら旧交を温め合いました。寄せられた欠席者のメッセージを読んでいると、「参加したいが体が弱ってきているので」というなかまが多くおられ、歳月の重みとともに胸の痛む思いがしました。

私は、五年前（二〇一〇年）の一一月に開かれた近江絹糸彦根工場ＯＢ会の第六回総会に、誘われてはじめて参加しました。そのときは三〇〇人を超える参加者でした。人権争議経験者はすでに七〇代後半という高齢層でしたが、会場に入った私の姿を見つけて数人の女性が涙を流しながら抱きついてきました。一瞬たじろぎましたが、私も熱くこみ上げるものがあり再会を喜び合いました。また、労組分裂時に、反目しあった人たちも温かく迎えてくれました。「同じ釜の飯を食った間柄」というのは、やはりこういうものかと嬉しくなったことを覚えています。三年前の第七回総会にも参加しました。

私たち夫婦は大津市に住む高田弘（元彦根工場労働者）・敬子（元富士宮工場労働者）夫妻と共同で、一昨年（二〇一三年）七月、大津市内の喫茶ひまわりで「近江絹糸人権争議のミニ写真展」を開きました。喫茶ひまわりは、坂本民主診療所、老健施設「日和の里」、介護ステーション・コスモスとしが健康友の会などでつくっている喫茶店です。

写真展には関西各地はもちろん、大垣、愛知などから一〇〇人を超える方々が見学に訪れてくれました。

ちょうどこの時期、あいにく私は肺がんを宣告され、七月二日に大津日赤病院に入院、手術を受けたばかりでした。参議院選挙後のある日、二〇人を超えるみなさんが示し合わせたかのように見学に見えられました。術後の身体でしたが、感激し、懸命に人権争議について語ったことを覚えています。

このミニ写真展は、彦根での人権争議の指導者だった朝倉克己氏が所有している写真をお借りして開催したものです。五年前はじめてＯＢ会に参加した際、朝倉氏が「白石君、いいもの見せよう」といって見せてくれたものです。人権争議中の報道写真をＡ４サイズにまとめ傷まないようにラミネート加工を施した六〇枚余です。私は即座に「機会があればお借りできるか」と聞き、快諾を得ていたものでした。

展示にあたっては、写真と同時に六年前、滋賀民報に『近江絹糸人権争議―体験者が綴る、闘いの記録』を六回にわたって連載したこともあり、そのコピーも展示しました。展示を見に来てくれた方のほとんどが、滋賀民報連載のコピーを求められたのですが、その数は一〇〇を超えました。ミニ写真展を見に来ていただいた方が、人権争議を特集している一九五四年当時の『週刊読売』（定価三〇円となっていた）を届けてくれるなど、思わぬ資料提供もありました。

残念なことに昨年六月、高田弘さんが急逝されました。葬儀にあたって、弔辞をしたため、立入義治さんに代読してもらいました。

最近、近江絹糸「人権争議」が見直されつつあるのかなという思いもしています。というのは、二〇〇九年に、神戸女学院大学教授の上野輝将氏が『近江絹糸人権争議の研究　戦後民主主義と社会運動』（部落問題研究所）を出版されました。また、法政大学准教授の梅崎修氏、香川大学准教授の島西智輝氏、連合総合生活開発研究所研究員の南雲智映氏らの研究グループが、「基礎研究（B）戦後労働史におけるオーラルヒストリー・アーカイブ化の基礎的研究（代表　梅崎修）」の助成を受けて『近江絹糸人権争議オーラル・ヒストリー⑴』という冊子も発行されています。

私もこの研究グループに招かれて座談会に参加しました。人権争議体験者の小林忠男氏、新家ハツエさん、鹿島スナエさんなどの懐かしい顔ぶれでした。同時に大阪エル・ライブラリー（大阪産業労働資料館）に、人権争議指導者の一人だった辻保治氏（故人）がもっていた資料を「辻保治コレクション」として保管されていることも知りました。大変貴重な資料でその目録も作成されていました。そこには私の名前もいくつか出てきます。私が作成に携わった職場新聞「ラップ」も保管されていました。

この研究グループは、最近も、人権争議後の近江絹糸紡績労組の活動を振り返り、「一九五〇年代日本の労働運動における文化活動と職場闘争」（『香川大学経済論叢』第87巻　二〇一四年九月）、「エル・ライブラリー所蔵の近江絹糸人権争議資料――辻コレクションについて」（『大原社会問題研究所雑誌』No.668　二〇一四年六月号）などの研究論文を発表しています。大阪エル・ライブラリーの谷合佳代子さんからこれらの資料が送られてきて知りました。

いま、安倍内閣のもとで、「戦争する国づくり」への危険な動きが加速しつつあります。それは一方で、かつてのように国民から自由と民主主義を奪い、生活破壊へとつながる道です。

働く人たちがその犠牲を一身に受けているようにさえ思います。いつも首切りの不安にさらされている非正規という名の雇用の広がり、年間給与が下がりつづける深刻な低賃金の常態化、とりわけ青年労働者がおかれている劣悪な労働環境など、深刻な実態があります。

ブラック企業の存在がその一つでしょう。県下でも、滋賀民報（二〇一四年二月九日付）によれば、「ブラック企業調査」で対象となった二〇八事業所のうち一五二事業所で労働基準関係法令の違反が見つかったと報じています（滋賀労働局発表）。

こうした事態のもと、数年前には、共産党員作家・小林多喜二が描き出した『蟹工船』が爆発的に読まれましたが、六一年前の近江絹糸も『蟹工船』が描き出した世界とよく似た状況だったように思います。したがって、今日、青年労働者に共通するものがあるのではないでしょうか。そうしたことがこの本を出そうと思った動機の一つでもあります。

近江絹糸人権争議は、全繊同盟の全面的な指導と援助があったとはいえ、一〇代の若者たちがたたかいの中心を担った労働争議でした。戦後間もない時期に青年労働者がこんなたたかいをしていたことを読み取っていただければと思います。

青年労働者のみなさん、労働組合運動を担っている活動家のみなさんにご一読いただければ幸いです。

二〇一五年二月

白石道夫

目次

## Ⅱ　証言編

## Ⅲ　資料編

# I

# 体験者がつづる近江絹糸人権争議

滋賀新聞

警察法案成立
乱斗騒ぎの泥塗れで

七月一日から都道府県警察
国警も自警も愈よ姿を消して
切替前後の混乱避けられぬか

大異動は必

新滋賀県警

農協連

病苗は抜取りを

近江絹糸争議
大阪本社に呼應し
彦根工場愈よ起つ

猛雨中決起大会
無期限スト突入を申合せ

会社側は三百人に
組合側は人権

# 一五歳の旅立ち、近江絹糸へ

## ──一〇代の青年労働者が立ち上がった

### 「働きながら学べる」と…

私は一九三八（昭和一三）年八月一一日、愛媛県今治市で生まれました。四国最初の米軍空襲となった四五（昭和二〇）年四月の「今治空襲」のあと、小学校一年の夏休みを待ちかねて一家で父親の弟が住む農村に疎開しました。疎開してまもなく、またもや大空襲が今治地方を襲い、生まれ育ったところは焼け野原になりました。そのため終戦後も帰るに帰れず、疎開先でたばこの乾燥小屋を改造した八畳一間に親子八人がすし詰めで寝る生活でした。

当時、疎開した多くの家族が経験したように、私たちも、飲料水は道路をへだてた前の川の水、風呂は近くの農家でのもらい風呂でした。貧乏を極めた暮らしのなか、高校進学どころでなく、定時制高校で「働きながら学べる」という宣伝文句に惹かれて近江絹糸へ就職することになりました。

一九五四（昭和二九）年六月三日、夜行列車で彦根に向けて出発しました。当時は高松と宇野を結ぶ宇高連絡船は、まだ列車がそのまま船に乗り込んでいる時代でした。翌朝、列車が滋賀に入り、瀬田川あたりで見えてきた琵琶湖の大きさにおどろきましたが、印象としては、瀬戸内海の方がはるかに美しいと思ったのをいまでも覚えています。

近江絹糸彦根工場に到着後、身体検査、工場見学、必要な説明を受けて、寮に落ち着き、いよいよ明日から出勤ということで、それなりに胸をときめかせたものです。

## 「火事だ」と起こされて——六月七日未明

ところが、七日未明に「火事だあっ」という叫び声が男子寮に響いて起こされました。先輩たちは私たち新入社員に「おまえらは寮におれ」と指示して出ていきました。そのときは何の疑問も持たなかったのですが、何日かあとで、火事なのに寮におれというのはつじつまが合わないことに気づかされました。そこには、新入社員をストにまきこみたくな

近江絹糸彦根工場（1998年10月、工場閉鎖直前に撮影）

いという先輩たちの配慮があったからではないかと感じるようになったのは、さらに一〜二カ月経ってからでした。

悶々として寝付かれないまま夜を過ごし、明けて、出勤のため作業着に着替えて食堂に向かいました。途中、広場が黒山の人だかりになっていて、「何事か」と思いつつも食堂に入って食事をすませました。再び広場を横ぎったのですが、まだストライキになっているということがのみこめませんでした。

しかし、これがまぎれもなく一〇六日間のストライキに突入した最初の日だったのです。

## 綿密に準備された決起の手順

その模様が当時の体験者、朝倉克己さん自身の著『近江絹糸「人権争議」の真実』に書かれています。私自身がまだ未知だった、先輩たちの決意のほどがありありと浮かんできます。以下に引用させていただきます。

前夜十時から事務所で監禁状態になっていた私（朝倉）は、とにかく午前二時まで時間を稼がねばならないと、工場長を始め会社幹部の詰問や罵声に対し、黙秘を続けた。あれは多分午前二時になる数分前だったと思う。深夜勤務者一〇〇名が秘密会の打合せの通り、一斉に運転中の受け持ち機台のスイッチを切って、職場放棄、工場中央広場に集結した。また同時刻、就眠中であった男子寮生四〇〇名が起床し、男子寮玄関前に集合し、隊列を組み、広場を目指した。ウオーという声に私は監禁されていた第三応接室のドアを蹴飛ばして中央広場を目指して走った。

中央広場に集結した男子寮生五〇〇名の同志を寄せ集めて、新組合結成の宣言を行った。つづいて七項目の要求内容を提案した。参加者全員の大きな拍手でもって決議した。苦節五年、ここに恐怖と忍従に耐えて夢にまで見た新組合結成の火ぶたが切って落とされた。

二〇一三年六月、近江絹糸人権争議をともにした小林忠男さんと一緒に朝倉克己さん宅を訪問しました。そのとき労組結成への最初の行動として、どういう手順で決起するかについて当時の状況を熱っぽく語ってくれました。朝倉さんとともに指導部の一員として準備に加わっていた小林さんを含めた決起前夜の模様です。寮の舎監に見つからないようにと、窓の腰板に沿って腰をかがめて行き来したこと、ただちに行動できるようにと作業靴を履いたまま布団にもぐりこみ、午前二時を待ったという寮生もいたことなどでした。正確を期すためその内容を、引用させていただきました。

# 二　金のたまごたちの待遇

## ――『蟹工船』さながらの職場

### 当時の近江絹糸

近江絹糸紡績株式会社とはどういう企業だったのでしょうか。

小林多喜二の『蟹工船』の時代から三〇年を経た一九五〇年代半ばの紡績業界では、『蟹工船』世界と変わらない労働者支配が続いていました。近江絹糸の「人権争議」が起こった一九五四（昭和二九）年は、戦後もまだ九年しか経っていません。第二次世界大戦で敗北した日本の資本主義が競い合って復活していく時代です。紡績業界には、十大紡、新紡、新新紡という格付けがあり、それぞれが業績を伸ばそうと必死になっていました。

近江絹糸は、一九一七（大正六）年八月、資本金五〇万円で彦根市（当時は彦根町）に設立された「近江絹綿株式会社」がその前身です。父親から事業を引きついだ夏川嘉久次は、強引な手法で事業を拡大し、「人権争議」当時、すでに資本金一〇億円、五府県に彦根、大垣、津、富士宮、中津川、岸和田、長浜の七工場を配し、労働者数一万三千人、綿紡二六万八千錘、スフ紡二一万二千錘、絹紡一万八千錘、合計四九万八千錘を有して、その規模、生産高は十大紡の中位に位置する大企業となっていました。

近江絹糸が業績を伸ばしてきたのには、紡績業界特有の二つの理由があると思います。近江絹糸紡績の経営陣はそれを利用し、異常なまでに徹底しました。その一つは、北と南から「金のたまご」として中卒生を低賃金で集団就職させたこと。二つ目は労働者を工場の塀の内に囲い込んで、二四時間、支配したことです。

【注】十大紡とは紡績業界の独占的大企業で大日本紡、東洋紡、大和紡、呉羽、鐘紡、倉敷紡、日清紡、富士紡、日東紡、敷島紡。新紡は近江絹糸を筆頭に二四社、新々紡は九八社。繊維という括りでは、化繊の独占的大企業は八社でトップは東レ。

彦根工場の講堂　建物の一階部分が原綿倉庫。右側が混打綿職場
（2001年撮影）

## 中卒生が集団就職

ときは五〇年代半ば、まだまだ戦後の復興期で食糧難の時代でした。いまとちがって高校進学率が低く、かなりの若者が中卒で就職しました。その一つが集団就職です。一六歳になろうとする若者は、「食い扶持を減らす」「少しでも稼いで仕送りする」――これが親孝行であり、使命でした。

近江絹糸への就職にも一応試験がありました。といっても難しいものではなく、両手の指を連続して折る（曲げる）という簡単な実技と、ほとんどだれでもできる筆記試験くらいで、試験

# 体験者がつづる近江絹糸人権争議

自由と人権を求めて

白石道夫 編著
Michio Shiraishi

文理閣

# まえがき

昨年（二〇一四年）は、近江絹糸「人権争議」から六〇年という節目の年でした。二年ごとに開かれてきた近江絹糸彦根工場ＯＢ会総会が、六〇周年記念として八月三〇日（土）に彦根ビューホテルで開かれました。青森から鹿児島まで全国から二三六名のなかまが参加しました。このうち、争議経験者は一〇〇名弱でしたが、当時の争議を振り返りながら旧交を温め合いました。寄せられた欠席者のメッセージを読んでいると、「参加したいが体が弱ってきているので」というなかまが多くおられ、歳月の重みとともに胸の痛む思いがしました。

私は、五年前（二〇一〇年）の一一月に開かれた近江絹糸彦根工場ＯＢ会の第六回総会に、誘われてはじめて参加しました。そのときは三〇〇人を超える参加者でした。人権争議経験者はすでに七〇代後半という高齢層でしたが、会場に入った私の姿を見つけて数人の女性が涙を流しながら抱きついてきました。一瞬たじろぎましたが、私も熱くこみ上げるものがあり再会を喜び合いました。また、労組分裂時に、反目しあった人たちも温かく

迎えてくれました。「同じ釜の飯を食った間柄」というのは、やはりこういうものかと嬉しくなったことを覚えています。三年前の第七回総会にも参加しました。

私たち夫婦は大津市に住む高田弘（元彦根工場労働者）・敬子（元富士宮工場労働者）夫妻と共同で、一昨年（二〇一三年）七月、大津市内の喫茶ひまわりで「近江絹糸人権争議のミニ写真展」を開きました。喫茶ひまわりは、坂本民主診療所、老健施設「日和の里」、介護ステーション・コスモスとしが健康友の会などでつくっている喫茶店です。

写真展には関西各地はもちろん、大垣、愛知などから一〇〇人を超える方々が見学に訪れてくれました。

ちょうどこの時期、あいにく私は肺がんを宣告され、七月二日に大津日赤病院に入院、手術を受けたばかりでした。参議院選挙後のある日、二〇人を超えるみなさんが示し合わせたかのように見学に見えられました。術後の身体でしたが、感激し、懸命に人権争議について語ったことを覚えています。

このミニ写真展は、彦根での人権争議の指導者だった朝倉克己氏が所有している写真をお借りして開催したものです。五年前はじめてOB会に参加した際、朝倉氏が「白石君、

いいもの見せよう」といって見せてくれたものです。人権争議中の報道写真をA４サイズにまとめ傷まないようにラミネート加工を施した六〇枚余です。私は即座に「機会があればお借りできるか」と聞き、快諾を得ていたものでした。

展示にあたっては、写真と同時に六年前、滋賀民報に『近江絹糸人権争議―体験者が綴る、闘いの記録』を六回にわたって連載したこともあり、そのコピーも展示しました。展示を見に来てくれた方のほとんどが、滋賀民報連載のコピーを求められたのですが、その数は一〇〇を超えました。ミニ写真展を見に来ていただいた方が、人権争議を特集している一九五四年当時の『週刊読売』（定価三〇円となっていた）を届けてくれるなど、思わぬ資料提供もありました。

残念なことに昨年六月、高田弘さんが急逝されました。葬儀にあたって、弔辞をしたため、立入義治さんに代読してもらいました。

最近、近江絹糸「人権争議」が見直されつつあるのかなという思いもしています。

というのは、二〇〇九年に、神戸女学院大学教授の上野輝将氏が『近江絹糸人権争議の研究　戦後民主主義と社会運動』（部落問題研究所）を出版されました。また、法政大学准

教授の梅崎修氏、香川大学准教授の島西智輝氏、連合総合生活開発研究所研究員の南雲智映氏らの研究グループが、「基礎研究（B）戦後労働史におけるオーラルヒストリー・アーカイブ化の基礎的研究（代表　梅崎修）」の助成を受けて『近江絹糸人権争議オーラル・ヒストリー(1)』という冊子も発行されています。

私もこの研究グループに招かれて座談会に参加しました。人権争議体験者の小林忠男氏、新家ハツエさん、鹿島スナエさんなどの懐かしい顔ぶれでした。同時に大阪エル・ライブラリー（大阪産業労働資料館）に、人権争議指導者の一人だった辻保治氏（故人）がもっていた資料を「辻保治コレクション」として保管されていることも知りました。大変貴重な資料でその目録も作成されていました。そこには私の名前もいくつか出てきます。私が作成に携わった職場新聞「ラップ」も保管されていました。

この研究グループは、最近も、人権争議後の近江絹糸紡績労組の活動を振り返り、「一九五〇年代日本の労働運動における文化活動と職場闘争」（『香川大学経済論叢』第87巻　二〇一四年九月）、「エル・ライブラリー所蔵の近江絹糸人権争議資料――辻コレクションについて」（『大原社会問題研究所雑誌』No.668二〇一四年六月号）などの研究論文を発表しています。大阪エル・ライブラリーの谷合佳代子さんからこれらの資料が送られてきて知りま

した。

いま、安倍内閣のもとで、「戦争する国づくり」への危険な動きが加速しつつあります。それは一方で、かつてのように国民から自由と民主主義を奪い、生活破壊へとつながる道です。

働く人たちがその犠牲を一身に受けているようにさえ思います。いつも首切りの不安にさらされている非正規という名の雇用の広がり、年間給与が下がりつづける深刻な低賃金の常態化、とりわけ青年労働者がおかれている劣悪な労働環境など、深刻な実態があります。

ブラック企業の存在がその一つでしょう。県下でも、滋賀民報（二〇一四年二月九日付）によれば、「ブラック企業調査」で対象となった二〇八事業所のうち一五二事業所で労働基準関係法令の違反が見つかったと報じています（滋賀労働局発表）。

こうした事態のもと、数年前には、共産党員作家・小林多喜二が描き出した『蟹工船』が爆発的に読まれましたが、六一年前の近江絹糸も『蟹工船』が描き出した世界とよく似た状況だったように思います。したがって、今日、青年労働者に共通するものがあるので

はないでしょうか。そうしたことがこの本を出そうと思った動機の一つでもあります。

近江絹糸人権争議は、全繊同盟の全面的な指導と援助があったとはいえ、一〇代の若者たちがたたかいの中心を担った労働争議でした。戦後間もない時期に青年労働者がこんなたたかいをしていたことを読み取っていただければと思います。

青年労働者のみなさん、労働組合運動を担っている活動家のみなさんにご一読いただければ幸いです。

二〇一五年二月

白石道夫

目次

## Ⅱ　証言編

## Ⅲ 資料編

# I

# 体験者がつづる
# 近江絹糸人権争議

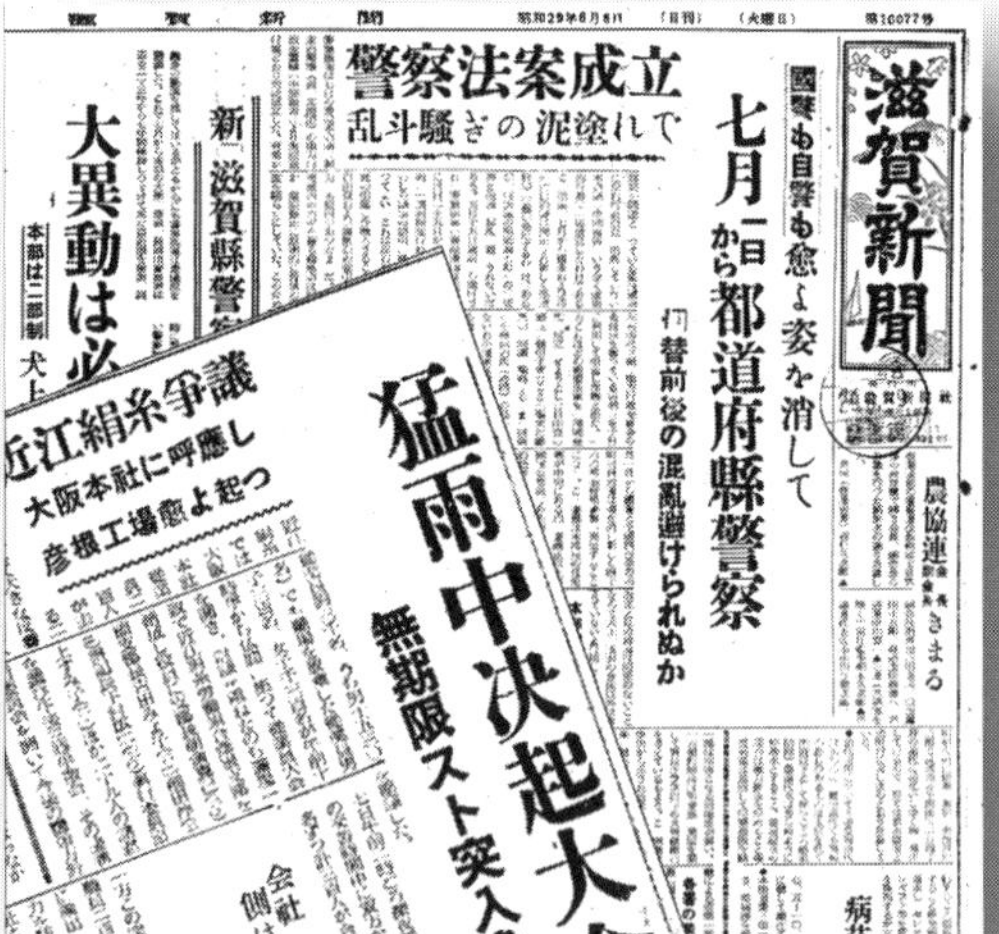

滋賀新聞

警察法案成立
乱斗騒ぎの泥塗れで

國警も自警も愈よ姿を消して
七月一日から都道府縣警察
切替前後の混乱避けられぬか

大異動は必

新滋賀縣警

近江絹糸争議
大阪本社に呼應し
彦根工場愈よ起つ

猛雨中決起大会
無期限スト突入を申合せ

会社側は二三百人に
組合側は人權

農協連

病苗は抜取りを

# 一五歳の旅立ち、近江絹糸へ

## ──一〇代の青年労働者が立ち上がった

### 「働きながら学べる」と…

私は一九三八（昭和一三）年八月一一日、愛媛県今治市で生まれました。四国最初の米軍空襲となった四五（昭和二〇）年四月の「今治空襲」のあと、小学校一年の夏休みを待ちかねて一家で父親の弟が住む農村に疎開しました。疎開してまもなく、またもや大空襲が今治地方を襲い、生まれ育ったところは焼け野原になりました。そのため終戦後も帰るに帰れず、疎開先でたばこの乾燥小屋を改造した八畳一間に親子八人がすし詰めで寝る生活でした。

当時、疎開した多くの家族が経験したように、私たちも、飲料水は道路をへだてた前の

川の水、風呂は近くの農家でのもらい風呂でした。貧乏を極めた暮らしのなか、高校進学どころでなく、定時制高校で「働きながら学べる」という宣伝文句に惹かれて近江絹糸へ就職することになりました。

一九五四（昭和二九）年六月三日、夜行列車で彦根に向けて出発しました。当時は高松と宇野を結ぶ宇高連絡船は、まだ列車がそのまま船に乗り込んでいる時代でした。翌朝、列車が滋賀に入り、瀬田川あたりで見えてきた琵琶湖の大きさにおどろきましたが、印象としては、瀬戸内海の方がはるかに美しいと思ったのをいまでも覚えています。

近江絹糸彦根工場に到着後、身体検査、工場見学、必要な説明を受けて、寮に落ち着き、いよいよ明日から出勤ということで、それなりに胸をときめかせたものです。

## 「火事だ」と起こされて——六月七日未明

ところが、七日未明に「火事だあっ」という叫び声が男子寮に響いて起こされました。先輩たちは私たち新入社員に「おまえらは寮におれ」と指示して出ていきました。そのときは何の疑問も持たなかったのですが、何日かあとで、火事なのに寮におれというのはつじつまが合わないことに気づかされました。そこには、新入社員をストにまきこみたくな

近江絹糸彦根工場（1998年10月、工場閉鎖直前に撮影）

いという先輩たちの配慮があったからではないかと感じるようになったのは、さらに一〜二カ月経ってからでした。

悶々として寝付かれないまま夜を過ごし、明けて、出勤のため作業着に着替えて食堂に向かいました。途中、広場が黒山の人だかりになっていて、「何事か」と思いつつも食堂に入って食事をすませました。再び広場を横ぎったのですが、まだストライキになっているということがのみこめませんでした。

しかし、これがまぎれもなく一〇六日間のストライキに突入した最初の日だったのです。

## 綿密に準備された決起の手順

その模様が当時の体験者、朝倉克己さん自身

の著『近江絹糸「人権争議」の真実』に書かれています。私自身がまだ未知だった、先輩たちの決意のほどがありありと浮かんできます。以下に引用させていただきます。

前夜十時から事務所で監禁状態になっていた私（朝倉）は、とにかく午前二時まで時間を稼がねばならないと、工場長を始め会社幹部の詰問や罵声に対し、黙秘を続けた。あれは多分午前二時になる数分前だったと思う。深夜勤務者一〇〇名が秘密会の打合せの通り、一斉に運転中の受け持ち機台のスイッチを切って、職場放棄、工場中央広場に集結した。また同時刻、就眠中であった男子寮生四〇〇名が起床し、男子寮玄関前に集合し、隊列を組み、広場を目指した。ウオーという声に私は監禁されていた第三応接室のドアを蹴飛ばして中央広場を目指して走った。

中央広場に集結した男子寮生五〇〇名の同志を寄せ集めて、新組合結成の宣言を行った。つづいて七項目の要求内容を提案した。参加者全員の大きな拍手でもって決議した。苦節五年、ここに恐怖と忍従に耐えて夢にまで見た新組合結成の火ぶたが切って落とされた。

二〇一三年六月、近江絹糸人権争議をともにした小林忠男さんと一緒に朝倉克己さん宅を訪問しました。そのとき労組結成への最初の行動として、どういう手順で決起するかについて当時の状況を熱っぽく語ってくれました。朝倉さんとともに指導部の一員として準備に加わっていた小林さんを含めた決起前夜の模様です。寮の舎監に見つからないようにと、窓の腰板に沿って腰をかがめて行き来したこと、ただちに行動できるようにと作業靴を履いたまま布団にもぐりこみ、午前二時を待ったという寮生もいたことなどでした。正確を期すためその内容を、引用させていただきました。

# 二　金のたまごたちの待遇
## ――『蟹工船』さながらの職場

### 当時の近江絹糸

近江絹糸紡績株式会社とはどういう企業だったのでしょうか。

小林多喜二の『蟹工船』の時代から三〇年を経た一九五〇年代半ばの紡績業界では、『蟹工船』世界と変わらない労働者支配が続いていました。近江絹糸の「人権争議」が起こった一九五四（昭和二九）年は、戦後もまだ九年しか経っていません。第二次世界大戦で敗北した日本の資本主義が競い合って復活していく時代です。紡績業界には、十大紡、新紡、新新紡という格付けがあり、それぞれが業績を伸ばそうと必死になっていました。

近江絹糸は、一九一七（大正六）年八月、資本金五〇万円で彦根市（当時は彦根町）に

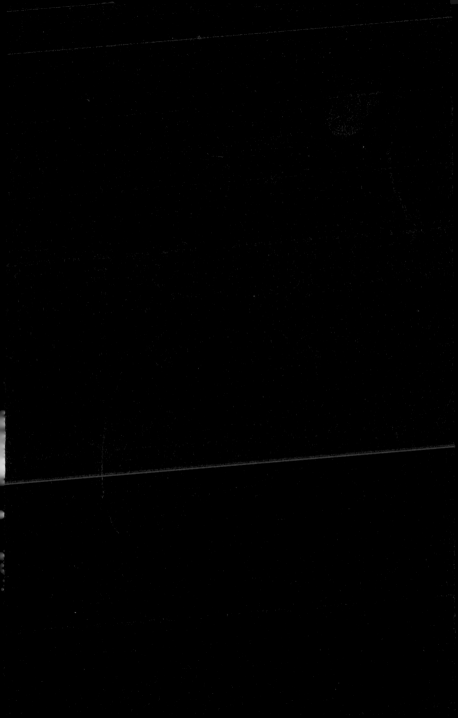

を受けたほぼ全員が合格しました。北は青森から南は鹿児島までの若者が集まっており、会社側は、「大事なお子さんに嫁入り修業をしっかり積んでおかえしします」といって、親の信用を取り付けながら低賃金で働かせていたのです。

## 三　二四時間の労働者支配
### ――「チチキトク」の電報も無視

#### 工場の塀に囲い込んで

近江絹糸の勤務体系は、女子の大半が午前五時から午後一時四五分、午後一時四五分から一〇時半の二交替と、男女とも午前七時四五分から午後四時半の昼間勤務、男子はこれらに加えて週間単位の交替制で午後一〇時半から翌朝五時までの深夜勤務、さらにフクロウ部隊といわれた深夜勤務専門の労働者がいました。

このように機械をひとときも遊ばせない勤務体制がしかれていました。加えて、生産の対抗競技なども強制されていたのです。賃金は、製造工業を一〇〇として、一九五〇（昭和二五）年には六四％、五四（昭和二九）年には六二％という水準で、十大紡と比較して

就職と同時に持たされた
手帳「鑑」

おおよそ六割程度でした。

労働者の大半は寮生活。「舎監」制度というのがあって、私生活のすべてにわたって監視・監督する仕組みができていました。寮生自身による自治はなく、人権無視がまかり通っていました。その極めつけが「信書の開封」「私物検査」です。典型的なのは、郷里から「チチ（ハハ）キトク」の電報が入っても、舎監は本人に見せない、つづいて「チチ（ハハ）シス」が届くと、ここではじめて本人に連絡され、帰ることになる。大垣工場では「私は信書開封係だった」という人事課職員の告発・証言も出ています。

もう一つに、仏教の強制がありました。

就職と同時に『鑑《かがみ》』という手帳を持たされます。これは支給ではなく売店で買わされます。『鑑』には社歌などとともに真宗の法話・経文が収められていました。これを持って、女子は毎週、男子は隔週、「仏間」といわれる大広間に集められ社憲や経文を唱和させられました。もちろんこれは、勤務時間外です。これをサボったら「外出」が制限されたり禁止になる制裁処分が待っています。

女子寮では、各部屋で『鑑』の社憲の朗読、「我が誓願」を読み上げさせられる状況でした。

## 労基法違反が堂々と

また労働基準法（以下、労基法）違反も平気で犯す企業でした。労働基準監督署から労基法違反容疑で調査が入ったときには、舎監が立ちはだかり、部屋の人数について「一一人、一一人」と叫びます。一二名なのに違反を隠すために、舎監が女子寮生に口止めしようと叫んでいたのです。

深夜労働専門の労働者がいたことも異常でした。「フクロウ部隊」というこの労働者は、午後一〇時半に職場に入り、翌朝五時まで機械を動かします。朝五時に朝食、寮に帰り風呂に入り、眠りにつく。夏は大変です。部屋にエアコンがあるわけではなく、わずかに暗幕のような黒いカーテンがあるだけです。そう簡単に眠れないから、寝不足のまま夜また勤務に就きます。これらの労働者は、労働の過酷さをトイレの落書きに「太陽が黄色く見える」と書いていました。

実際に、政府の労働省(当時)の近江絹糸調査団も「調査の結果は、組合の要求は決してコウトウムケイとは思われない」(五四年六月二〇日付『読売』)、法務省人権擁護局、日本弁護士連合会も「私生活の自由や信書の秘密を侵した人権侵害の事実がある」と確認しています。争議中の七月一八日に、労基法違反で全工場がいっせいに摘発されました。

## 二三人の圧死事件

一九五一(昭和二六)年六月三日夜、大広間に七〇〇人が集まり、映画会が開かれました。上映中に突然フィルムに引火し、火そのものは畳を焦がした程度で消し止められたのですが、「火事だ!」との叫びに驚いた労働者が狭い非常階段に殺到、折り重なって倒れ死者二三人、負傷者一七九人の大惨事となりました。

以前から近江絹糸の民主化と組織化に取り組んでいた全国繊維産業労働組合同盟(以

「仏間」といわれた大広間。圧死事件はここで起こった

下、全繊同盟）は事態を重視、事故原因の究明と労務管理にメスを入れる方針を出し、のちに「近江絹糸民主化闘争本部」の設置を確認します。したがって近江絹糸の「人権争議」は全繊同盟が指導することになったのです。

# 四　たたかった一〇六日間

## ――次つぎに労働組合結成

### 七つの工場でスト突入

たたかいの火の手は大阪本社の労働者からあがりました。

一九五四（昭和二九）年五月二五日、本社労働者有志が労働組合（以下、労組）を結成し、全繊同盟加盟と一五項目の要求を掲げました。さらに六月二日には、本社労働者の八四％を占める一七〇人が結集して総決起集会が開かれ、次のような労組結成を宣言します。

【労組結成宣言】

わが国の憲法は主権在民の上に立ち、人権の尊厳と個人の権利と、義務の平等を規定し、われわれ労働者が一致団結、団体行動を行う権利をうたっている。

しかるに資本金一〇億円、近代的設備を誇り、紡績業界において五指に数えられる近江絹糸紡績に働く一万三千のわれわれ労働者は、労働三法はおろか、憲法をすら踏みにじった貪欲あくない労務管理の犠牲になり、終戦後一〇年にならんとする今日、いまだに民主主義の、自由のなんたるかを解せず、前期資本主義的な女工哀史を綴らされている。すなわち、労基法に違反した時間外労働の強制、時間外賃金の不払い、人権を蹂躙《じゅうりん》した結婚の阻止、向学心に燃える青年の就学妨害、旧軍隊よりきびしいといわれる寄宿舎生活等々。

枚挙にいとまのない非人道的な抑圧の前に遺憾ながらわれわれは今日まで屈服してきた。

一万三千の同志諸君!

目を開け、そして聞け!

格子なき牢獄に呻吟《しんぎん》する過去の奴隷労働に終止符を打とう。解放の鐘を高らかに打ちならそう！

近江絹糸紡績労働組合は自由と平和、民主主義と社会主義を基盤にする全繊同盟の旗の下に、信義と友愛に結ばれた固き同志愛と鉄の団結をもって、一切の封建制を打ち破り、いかなる迫害、圧迫をも粉砕し、企業の民主化、技術の錬磨、人権の向上と、健全強固な自主的組織確立のために一路邁進することを誓う。

右宣言する。

昭和二九年六月二日

全国繊維産業労働組合同盟
近江絹糸紡績労働組合

そして、最終的に次の二二項目の要求が確認され、役員体制も決定されたのです。

**【労組結成時に会社側に提出した二二項目の要求】**

① 我々の近江絹糸紡績労働組合を即時認めよ
② 会社の手先である御用組合を即時解散せよ

③会社が指名せる労働者代表の締結せる一切の規定を撤回せよ
④拘束八時間労働の確立
⑤タイムレコーダーの即時復活と残業手当の支給、賃金体系の確立
⑥合理的な退職金、旅費、宿泊費規定の設定
⑦有給休暇、生理休暇の完全実施
⑧食堂の完備、更衣室の新設、社宅並びに寮設備の改善充実など、福利厚生施設の充実
⑨宿直室の完備、専門宿直者、専門掃除夫及び各寮の専属炊事係即時配置
⑩仏教の強制絶対反対
⑪夜間通学など、教育の自由を認めよ
⑫結婚の自由を認めよ、別居生活を強制するな
⑬ハイキング、音楽、映画、サークルなど一切の文化活動を認めよ
⑭労働強化を強制する各種対抗競技を廃止せよ
⑮人権をじゅうりんした信書の開封、私物検査を即時停止せよ
⑯密告者報償制度、尾行等一切のスパイ活動の強要を止めよ

⑰外出の自由を認めよ
⑱工場長に強制して行わせる、月例首切り反対
⑲各課最低必要人員の即時補充
⑳重役の人格を無視した言動及び始末書乱発の禁止
㉑自動車部員の社内寄宿を廃止し、社外寮に引き移すこと
㉒自動車に対する傷害保険の即時加入

要求の大半は、自由と人権に関する具体的なもので、仏教を強制するな、信書の開封・私物検査をやめよ、外出の自由を認めよ、夜間通学など教育の自由を認めよ、など当たり前のことばかりです。

翌三日、要求書を提出するも会社は要求内容を全面拒否します。労組は四日に臨時大会を開催し、無期限スト突入を決定。各地の工場労働者も素早く呼応しました。四日、岸和田工場が六〇〇人で支部結成、一一日からスト。彦根工場は七日に一五〇〇人で支部結成、八日から無期限スト。九日、中津川工場七〇〇人で支部結成、ただちに無期限スト。富士宮工場は九日に六〇人で支部結成。大垣工場は一〇日、一三〇〇人で支部結成、無期

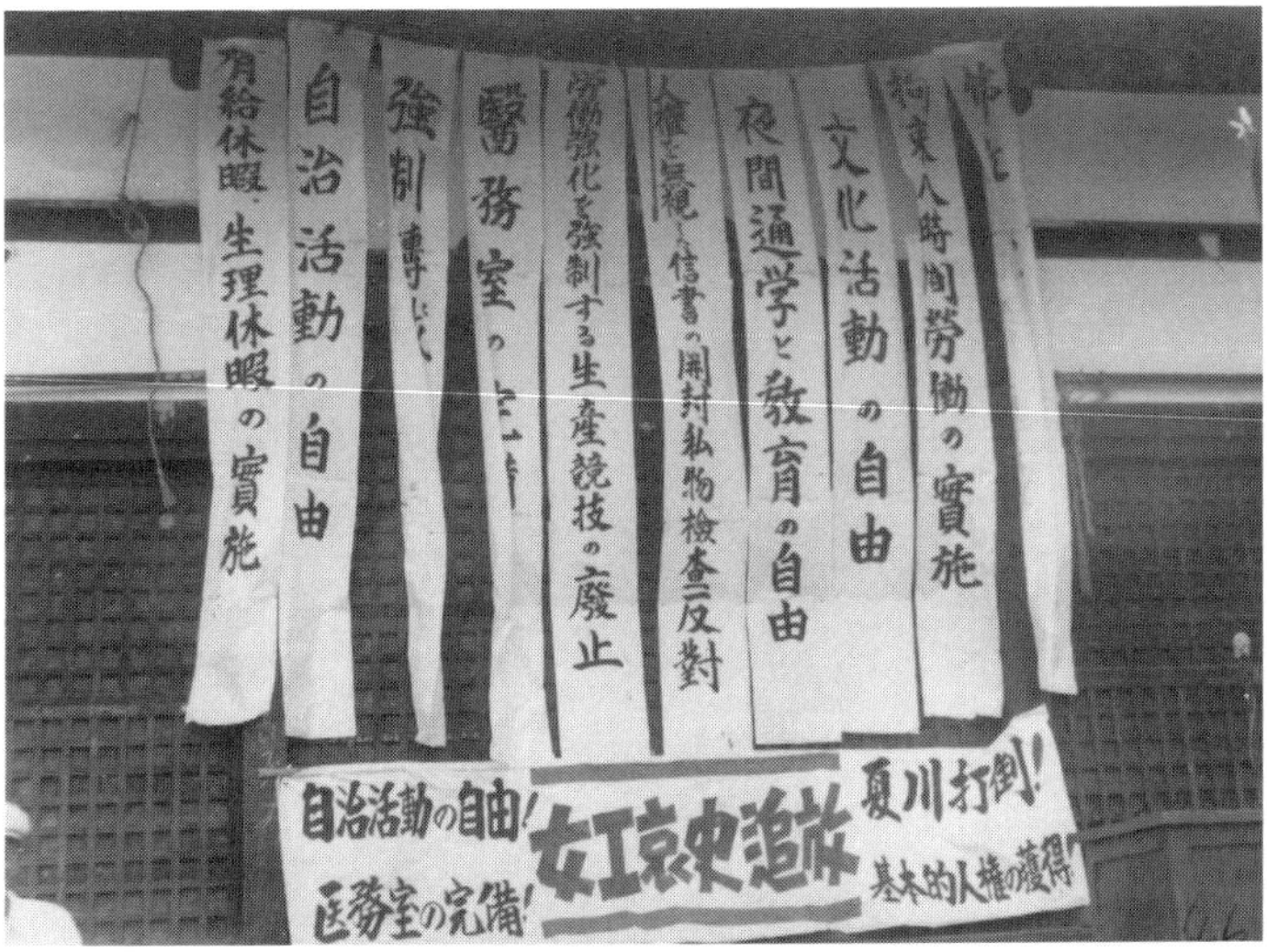


当時掲げられたスローガン

限スト。津工場は一二日、四〇人で支部結成。長浜工場は二八日、三八〇人が支部結成。津・富士宮は二六日に無期限スト突入。営業所関係も、名古屋が二四日、東京二八日と支部結成が続き、三〇日には、七つの工場と東京など営業所・出張所などの代表が参加して大会を開き、単一の近江絹糸紡績労働組合が発足しました。

## マスコミも味方に

争議は、前近代的なワンマン経営を自認する夏川社長のもとで、新しくできたばかりの労働組合が会社と正面衝突する激しいたたかいとなりました。

当時の吉田茂内閣も腰をあげ、閣議で近江絹糸への求人紹介停止、労基法違反摘発方針を決め（七月一六日）、中央労働委員会が職権斡旋にのりだすことを決定します（七月一七日）。国会も七月二八日、衆議院労働委員会（当時）で当事者喚問が行われ、労組側から一八人が出席しました。

滋賀版

物言えばクビか転勤

新組合執行部員の座談会

危篤電報もズタズタ

近江絹糸「自由は全くない」

窓から組合加入署名

カン詰女工「まだ沢山います」

「真実を訴える」

待遇"人間"以

健全な労組育成

民主化

民間放送

マスコミも連日報道（読売新聞滋賀版、1954年6月9日付）

こうして、「人権争議」はマスコミも味方につけ、政治を動かすまでになりました。全繊同盟のまとめによれば、使った資金二億円余、支援のために動員された労働者六万人、警官や暴力団との衝突で重軽傷を含む負傷者四百数十人、会社に抗議して自殺した労働者三人、自殺未遂二人、精神障害を発症した労働者九人などと記録されています。

# 五　ロックアウト、食堂閉鎖

## ――他労組や市民が炊き出し

### 市民からにぎりめしの差し入れ

争議の現場ではどうだったのでしょうか。

彦根工場では、ストライキ突入の翌日だったか、会社側が工場正面入り口にトラックを横付けし、入口を封鎖する行動に出ました。労組の先輩たちは、ただちにこのトラックを横転させ、通路を確保しました。

いまも脳裏に焼き付いていることがいくつかあります。

その一つは徹夜で行ったピケ（スト破りを防ぐための「見張り」）です。会社側の製品搬出を阻止するために、私たちは彦根工場だけの対応ではなく長浜工場にも出かけました。

いきなりの徹夜闘争で、ものすごく緊張しました。工場の原綿の上に寝転がって夜明けを待つわけです。先輩たちがピケの心得のようなものを話してくれたのですが、いまとなってはまったく思い出せません。ただ「絶対に製品を持ち出させてはならない」という決意が沸き上がってきたものです。

労組員が横転させたトラック

また、ストライキに入ってまもなく六月一三日、会社側はロックアウト、食堂閉鎖の攻撃をかけてきました。寮生にとって食堂閉鎖は死活問題でした。とりわけ私たちのように、新人でまったく働かずしてストライキに入った者にとっては、給料もなく、それは深刻でした。しかし、鐘紡などの友誼労組と市民グループの素早い支援に救われました。にぎりめしの差し入れ、みそ汁の炊き出しです。涙があふれ、涙の塩味とにぎりめしの塩味が一緒になった何ともいえないひとときでした。

にぎりめしの差し入れに涙する労働者

近江絹糸彦根工場があった彦根市の馬場、長曽根地域には鐘紡彦根工場、東洋繊維、白洋物産など繊維産業が数多くありました。そのなかの全織同盟加盟組合などが炊き出しをしてくれたのです。市民のみなさんもいち早く炊き出しにかけつけてくれました。難しいことは別にして「ひとりではない」「みんなが応援してくれている」ことを実感しました。六月二〇日、食堂再開をかちとりました。

## 初のデモ行進

私にとって、すべてが初めての体験でした。労働組合ってなんだという学習もずいぶん時間をかけて取り組まれました。ただ残念なことに学習内容についてあまり印象に残っていません。

それに比べるとデモ行進は強烈でした。彦根では一九五四年六月一三日、はじめての市内デモがおこなわれました。全員がはちまきを締め、工場内で隊列を組み、先頭の隊列では「近江絹糸労働組合」の

市中デモ

横断幕を掲げ、「聞け万国の労働者」などの労働歌を唱和しながら行進しました。工場正門を出て、四十九町から本町そして彦根城大手門から公園に至るコースだったと記憶します。沿道で市民の方々が、どこでもかしこでも出てきて激励してくれ、ものすごく勇気をもらったのが印象的でした。彦根城に入る少し手前では、駆け足でジグザグ行進もしました。

翌年からのことですが、メーデー会場に向かうときも隊列を組んで行進し、会場内でももっとも元気な労組の一つだったと思います。

## 愛知高校生徒の取り組み

私は、二一世紀最初の年、二〇〇一年に滋賀県で開かれた第四七回日本母親大会の特別企画分科会で、近江絹糸人権争議の体験談を報告する機会を得ました。

そのとき彦根の元教諭の南澤恭子さんが参加しておられ、当時県立愛知高校二年生だった南澤さんたち学芸班が、争議中の近江絹糸に入り、女子労働者から聞き取りしたものを学園祭で発表し、それを冊子にして残されていたことを知りました。その冊子には「何故近江絹糸の問題を取りあげたか」という学芸班の文章があります。

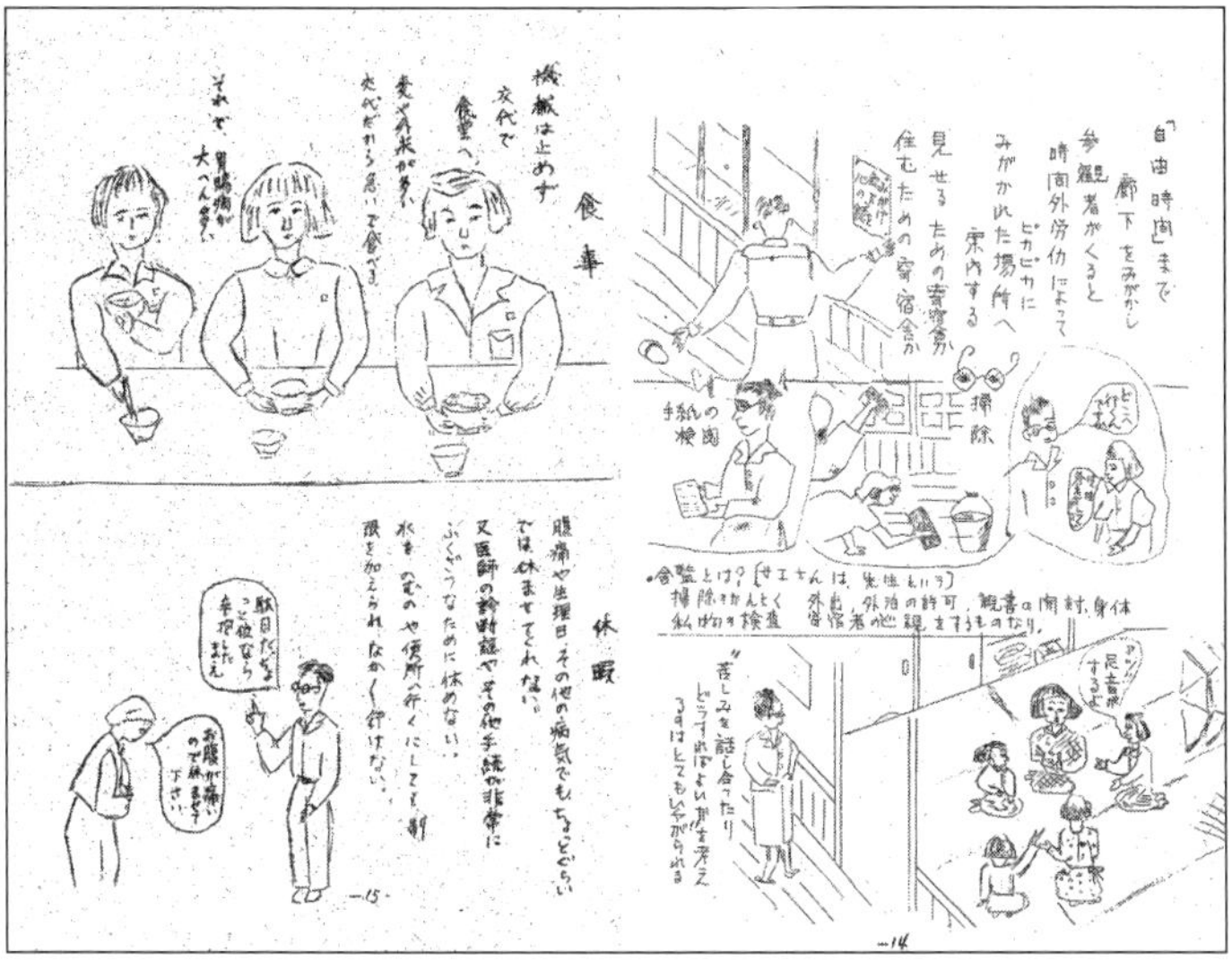

愛知高校生が発表資料をまとめた冊子（母親大会の資料用に「復刻版」として印刷されたもの）

「今回の学園祭は『生きる葦』というテーマの下に行われた。――自分達も家に帰れば一農民であり、労働者である――近江絹糸の女工さん達と農村問題、私達の生活と密接な連りがあり根本は皆同じだということを知った。それ故、近絹（近江絹糸―筆者注）の問題をとり上げ、か弱い一本の葦でも団結すればどんな圧迫にも耐えるという意味で団結を強調したこの問題をとり上げたのです」。

この学園祭の取り組みの指導にあたったのは、当時愛知高校教諭だった小嶋昭道さんです。退職されて大津市下阪本に住んでおられましたが昨年亡くなられました。

また、当時愛知高生だった南澤恭子さんは現在彦根市に住んでおられ、次のような当時の回想を滋賀民報に語ってくださいました。

（二〇〇九年六月二八日付）

## ストの現場をたずねて…

当時は中卒で働くのが当たり前で、私も就職先が決まっていました。たまたま周りの方の援助で高校に通うことになっただけに、私も同じ労働者だったかも知れないという思いで、ストライキの現場を何度かたずねました。

工場の通用門から中に入れてもらい、部屋で輪になって女子労働者から話を聞きました。でもその時はメモせず、工場近くの神社で急いで書いたものです。学園祭での展示は模造紙数十枚となったため、保存するために文集にしたのです。

この経験が、いまの私につながっていると思います。

# 六　勝利を勝ち取る
## ――深夜労働廃止など要求が実現

### 全国の労組・民主団体と市民から支援

青年法律家協会のまとめによれば、近江絹糸の争議への募金は一般・団体など三八四件、一七七五万円（一九五四年一〇月二二日現在）、街頭募金二〇〇万円となっています。金額だけみても、市民らの支援の大きさが想像できるでしょう。

争議後に労組が発行した記録集『解放の歌よ高らかに』の年表で労組・市民の支援状況を日付順に追うと、六月一一日・滋賀県教職員組合が「教え子の就職拒否」を声明、六月一二日・岐阜県大垣市、静岡県富士宮市の市民が闘争の全面支援を声明、七月二二日・海員組合が「製品の運送ボイコット」を指示、九月三日・イギリス労働党代表が富士宮工場

柵越しの支援

市民に訴えるポスター

を視察、翌四日・イギリス繊維労組が全繊同盟に一〇〇〇ポンド（約一〇〇万円）をカンパするなどとなっています。

私の知らない支援もありました。それが、当時の市民サークル「熔岩」の人たちです。先輩や同僚の何人かはこの詩人集団に参加していたようです。

また、滋賀大学経済学部の学生自治会

も支援の輪に加わっていました。

## ついに全面勝利

そしてついに九月一六日、中央労働委員会において第三次斡旋案を柱とする協定書に双方が調印、争議発生以来一〇六日目に解決することになりました。

一七日、操業が再開されました。私にとってこの日が事実上の就職初日になりました。斡旋内容は労組・労働者の全面勝利といえるものでした（資料参照）。

解決した近江絹糸争議
苦闘三カ月の跡を顧みて
世論、強く組合支持
逆効果の食堂閉鎖戦術
深夜業は交代制に
組合の要求一応通る
滋賀版
血と汗の頑張り105日
勝利はただ団結
スト中に労働問題受講
ものになった執行部

争議勝利を伝える当時の新聞（「朝日」「読売」いずれも滋賀版。1954年９月17日・18日付）

合意された「斡旋案」の内容を実現していく取り組みでは、年表的にみても、九月二四日・輪番休日制の廃止、深夜専門労働の廃止、一〇月一日・寄宿舎の舎監制度の廃止、名実ともの自治会制度獲得、一一月二〇日・賃上げ三〇％満額獲得など、十大紡なみの労働条件整備へとテンポの早い前進と成果を積み上げていきました。

## いまに生かすこと

近江絹糸の人権争議は、当時の全国の労働者の運動を励ますものでした。

一九五〇年代中頃から六〇年代はじめ、「繊維王国」として栄えた愛知では、少なくない労働者が近江絹糸の人権争議に励まされたといいます。さらに地方銀行や証券関係の労働者、中小未組織労働者などの権利闘争に大きな激励となりました。五四年から五五年にかけて新しく結成された労組は二二八六組合にのぼり、結成の動機は労働条件、労務管理にたいする不満が過半数を占めて最も多かったという統計（労働省まとめ）もあります。人権争議とその勝利は、五〇（昭和二五）年のレッドパージによる労働運動の後退で五〇〇万人台に減っていた組合員数が、六〇〇万人台に回復する一つの力にもなったのではないでしょうか。

人権争議を「いまに生かす」こととして、二つのことをあげたいと思います。それは、

①要求で話し合い、要求で力をあわせ、実現のための運動をみんなですすめる

②たたかいへの参加、運動への参加そのものが人間を鍛え成長させるということです。これは、労働組合運動では、もっとも基礎になる職場から労働運動をつくりあげる、「職場に労働組合」を根付かせるということだと思います。

『蟹工船』の時代も、「人権争議」時代も、派遣で働く青年労働者の今日も、青年の持つ正義感、学習意欲、行動エネルギーにもっと信頼をよせる大切さをつけ加えたいと思います。

【注】　レッドパージ……共産党とその同調者を公的組織や職場から排除すること。言論・思想の自由を保障されていた戦後においても、占領軍の指示により一九五〇年に強行された。

（資料）

【中央労働委員会　第三次斡旋案　一九五四年九月一二日提示】

①　近江絹糸紡績会社は全繊同盟加盟の近江絹糸紡績労働組合を認め、これを相手として十大紡並みの労働協約を締結すること。

② 組合要求二二項目中、信教の自由・教育の自由・信書の秘密・結婚の自由等人権に関する事項については、すでに法務省人権擁護局・労働省労働基準局等所管諸機関にそれぞれ人権侵犯の事実及び労働基準法違反の事実が確認せられ、これが是正方につき厳重な勧告がなされている事実に鑑がみ、会社はこれら諸機関の指示に従い、具体的措置をとりこれを改めること。また労動時間・賃金体系・時間外手当・退職金・休日・休暇等の労働条件及び懲罰その他、人事条項並びに食堂・社宅・寮施設等福利厚生事項などについては、前号労働協約において同業他社の実情を参酌し、社会的水準に照らし、合理的に規定を設けること。

③ 会社に数個の組合が併存して相争うことは、労使関係の安定・社業の運営上望ましくないので、なるべくすみやかにおそくも明年三月末日までにこれら組合が円満に統合されるよう労使関係当事者は互いに協力すること。右の組合統合が達成されるまでは会社の従業員を本組合員のみに限ることはできないので、次の如きユニオン・ショップの協定を結ぶこと。会社の従業員（ただし現在他の組合に所属する者をのぞく）は組合員でなければならない。明年三月三十一日までにもし新たに入社する者があれば、その者がいずれの組合に加入するかは本人が自由に選択する。会社は組合より除名された者を解雇

する。ただし会社の業務に重大なる支障をきたすと認められる場合は組合と協議する。

④　会社の従来の労務管理のあり方が、今次争議の重要な原因であるから、会社はすみやかに労務管理のための機構を整備拡充し、社会的水準に従い労務管理方式を刷新すること。

⑤　一年労働契約の組合員についてはすでに契約期限到来の者も、明年六月までその雇用期間を延長し、それまでの期間において、これら組合員の措置の基準につき労使双方協議すること。協議整わざる場合は中労委の定めるところに従うこと。

⑥　今次争議による犠牲者は出さぬこととし、本争議を理由に不利益処分を行なわないこと。本争議と関連してすでに行なわれたすべての解雇はこれを撤回すること。ただし刑事犯として起訴されて有罪の判決を受けた者を除く。

⑦　会社はすでに行なった工場閉鎖はこれを撤回するとともに、本争議の解決にあたって、全部または一部の工場閉鎖を行なわないこと。

⑧　会社は労働協約締結まで、仮に専従の組合交渉委員二十名及び本社並びに各工場ごとに組合の仮事務所を設けることを認めること。

⑨　会社は組合員の生活困窮の実情と将来にわたる労使双方の実をあげるため、金五千万

円を組合に支給し、給食・宿舎・病院等に関して生じた出費中、理由あるものとして金五千万円を全繊同盟に支払うこと。全繊同盟の責任において組合は会社に未払いの給食費、金一千五百万円を支払うこと。組合及び全繊同盟は本争議に関する一切の金銭的要求はこれをもって解決すること。

⑩ 本案が労使双方より受諾せられたときは、直ちに会社組合及び全繊同盟の三者によりこのあっ旋案を協定書として調印すること。

⑪ 右調印の翌日より会社は操業を開始し給食を行ない、組合は就労するものとすること。

⑫ 八月四日の協定書は右協定書によりおきかえられるものとすること。

## 七「人権争議」後のたたかい

私の働いた職場は綿紡・スフ紡の最初の工程である混打綿で、一五〇kgから三〇〇kgの原綿の梱包を解き、機械にかけて繊維を解きほぐして綿状にしていく職場でした。できあがったものをラップといいます。私は、昼間勤務では保全作業で、交代勤務時は機械の調子を見るという作業でしたが、深夜勤務になると文字どおり機械を動かしラップをつくりました。ついでにいえば、紡績の一般的な工程は、混打綿からカード、連組、精紡、仕上げという工程を経て糸が出来上がっていきます。

争議後、中央労働委員会の第三次斡旋案に基づく労働環境の改善は急ピッチで進みました。同時に、職場も全体としては開放的になりましたが、下級職制で争議期間中は御用組合に属さざるを得なかった人たちとの間には一定のミゾがあり、不協和音が頂点に達する

近江絹糸の精紡職場

こともありました。職制と一般労働者、仲間同士の不協和音のしこりを残すことなく「どう解決できるか」ということで生まれたのが、「らくがき」運動です。職場に大学ノートを置いて、労働者が思い思いのことを書き込む、その内容を週一回開かれていた職場集会で話し合う。大学ノートには、働きやすい職場への提案、職制への不満などがつづられており、職制との率直な意見交換をはじめ、ときには〝職場団交〟に早変わりすることもありました。労組支部を通じて工場幹部と交渉することもありました。

やがて、「らくがき」帳に書かれた要求や話し合いの内容、文芸作品的なものなどを職場全員に知らせるために（男女とも三交代勤務のため全員が一度に集まることがない）、新聞をつくろうということになっていきました。どういうきっかけだったか思い出せませんが、私はこの職場新聞づくりにかかわるようになりました。混打綿職場の新聞名「ラップ」の名付け親は私だったように思います。当時はガリ版づくりだったので、ガリ版技術が皆無だった私たちがつくったものは、一〇枚も印刷すると引いた線から原紙が破れていくので四苦八苦したのを覚えています。

この職場新聞づくりは、大半の職場で発行されるようになり、労組彦根支部教宣部が「ガリ版教室」を開催するなど援助しました。

一九五七年六月、職場新聞づくりで知り合った先輩の勧めで、私は彦根支部執行委員選挙に立候補しました。当時は人権争議勝利後ということも反映して、昼休みなどを利用して「立会演説」なども行われました。私は、すでにはじまりつつあった「アカ攻撃」も意識し、「アカでもシロでもいい、仲間の役に立ちたいんです」としゃべったのを覚えています。幸い当選し、当時では珍しい一八歳の労組役員となりました。

近江絹糸紡績労組が健全でたたかう労働組合として前進するなか、紡績資本の側も、繊維産業全体にその影響が広がることを恐れて対策を打ってきました。その一つが、一九五七年初冬の大手商社による原綿供給ストップの攻撃だったように思います。この事態を巡って、労組・労働者のなかに対立が起こりました。夏川一族の経営能力無能論、したがって経営陣の退陣を要求するグループ（本部派）と、独占的大企業による労組攻撃であり、力を合わせてたたかう必要があると主張するグループ（再建派）に別れ、激しい論争となり労組分裂という不幸な事態が生まれました。

労組分裂は労働者のなかに大きなしこりを残しました。彦根工場で私が属した「再建派」は少数派でした。寒い夜に広場に連れ出されて本部派の労組員に取り囲まれ、かつて中国で起こった文化大革命の紅衛兵の蛮行のように罵声を浴びせられ、唾を吐きかけられ、石を投げられ、工場の門から放り出されるというなんともいえない事態がしばらく続きました。女子労働者の仲間は、食堂から出てくるところを捕まえられ、作業着をつかんで引っ張られるものですから、下着があらわになることもありました。

作業再開のめどが見えないことや組合の分裂に嫌気がさすなどもあって、少なからずの仲間が退職していきました。ようやく、一年後には統一を回復し、作業も再開しましたが、しこりは消えることなく、資本側の「アカ」攻撃の激しさも加わって、彦根工場で私たちは村八分的状況におかれました。

その後の労働組合運動は残念ながら、（旧）民社党一党支持押しつけや、いわゆる「労使協調路線」など右傾化を早めたように思います。統一と団結の大事さを思い知らされた一年間でした。

## 八　人生の大転機
### ――共産党常任へ

一〇六日間のストライキ、その後の労働組合運動への参加が私の人生に一大転機をもたらしました。争議終結四年後のある日、先輩が古典『空想から科学へ』（エンゲルス）の文庫版を持ってきて、「読んでおけ」とおいていきました。ものを読むのは嫌いなほうではないので一気に読みました。正直なところあまり意味を理解できませんでしたが、それでも社会をどうとらえるのか、社会を動かしている力は何かなどについて新鮮な感想を持ちました。

こうしたこともきっかけとなり、一九五八年一〇月一〇日、日本共産党に入党しました。そして、五年後、共産党の専従として仕事をすることになったのです。

それからは、ただ〝がむしゃら〟に突き進んだように思います。そのうちの二つほどをあげておきたいと思います。

一番、重点にしたのは選挙闘争でした。

私が指導部として議員選挙にかかわった最初の選挙が虎姫町議選です。暑い夏の選挙でした。選挙の間中、地域推薦の候補者陣営は集落の入口に床机をだし、たき火をしながら他陣営の候補が村に入って選挙運動をできないように見張りをたてて牽制します。わが候補はほとんど地元に働き手を持ちませんから、応援部隊の足に頼る選挙となり、結果は五〇票で最下位落選でした。

その後、四地区の議員選挙、とりわけ中間選挙にはオルグとして出かけました。候補者の自宅や地区事務所やプレハブの選挙センターに寝泊まりする三カ月前後のオルグ生活です。活動内容も時間を問わない過酷さそのものでした。早朝、候補者と駅頭に立ったり、候補者の休憩時間も宣伝カーを無駄にしないよう、咄嗟の代行アナウンサーから応援演説まで臨機応変に活動します。選挙状況を分析し選対会議を有意義にすることは中心課題で、合間を縫ってビラの作成にあたり、「今、なにを中心に訴えるか」、ときには徹夜の作業となることもありました。

七〇年代の共産党の躍進時代の国政選挙の参院選全国区候補の応援では、選挙前から投票日まで半年ほど大阪の事務所に泊まりがけの支援に入りました。また遠くは三度の東京都議選（北多摩中部、墨田二度）をはじめ鹿児島市議選、北九州市議選などにも出かけました。どこでも個別選対指導部の一員として地元の人たちと苦労をともにしました。冬から春にかけてのオルグ活動が多く、風邪をひき高熱をだすこともありましたが、「私の任務は候補者を当選させ、議席を増やすために地元のみなさんの手助けをすることです」と、休むことなく活動しました。いまは懐かしい思い出です。

もちろん選挙結果は明暗がありました。党西南地区委員長としてたたかった県議選で仲川半次郎さんをトップ当選させ、県議会にはじめての議席を獲得したことや、衆議院選挙で選挙事務所の一員として活動し、瀬崎博義さんを当選させ、五期当選の選挙活動の一端を担わせてもらったことなど、忘れられない思い出です。しかし、涙をのんだこともあります。大津市議選で党の市議団長だった谷茂夫さんを落選させたことなど、苦い失敗も多く経験しました。

これらの選挙活動で多くの議員・候補者などの自宅にお世話になりました。この機会にお礼申しあげます。

いま一つは県委員会では長く党建設部門を担当しました。共産党をいかに伸ばすか、党建設の課題の大事さを支部や国民運動に携わっているグループのみなさんに理解してもらうために、私がいつも強調してきたことは綱領の立場です。

綱領には、日本社会の民主的な変革を遂行する推進力は統一戦線であり、この統一戦線の発展で決定的に重要なことは、日本共産党が、高い政治的・理論的力量を備え、国民各層と広く深く結びついた強大な組織力をもって発展することが大事だと強調されています。だからこそ、党建設の課題は国民的事業なんだと、ここを理解できれば困難な課題に立ち向かう勇気が生まれてくると信じたからです。

一九五〇年代後半には近江絹糸彦根工場で三〇人を超える党組織ができていました。六〇年代には長浜市に工場がある三菱樹脂で一〇〇人を超える党組織と民青同盟をつくり、湖北地域全体に党の影響力を広げる役割も果たしたことなどは懐かしい思い出です。当時は、現長浜市議の竹内達夫さんの家を活動センターに、指導部が毎晩のように集まり、計画を立て行動を組織していました。私自身は、会議が終わった段階で、翌日の「赤旗」しんぶんの配達のために三菱樹脂の仲間にバイクで彦根まで送ってもらっていました。共産党は五〇年代～六〇年代に大きな力を貯え、七〇年代に歴史上最大の躍進をしました。苦しいけれども、頑張れば成果が見える希望に満ちた時代を経験できました。

## 九　家族に支えられ、なかまとともに

私は、二〇歳で結婚しました。相手は勤務職場は違いましたが、同じ近江絹糸の労働者だった竹内福美です。最初、福美の両親は「本当に生活が成り立っていくのか」と心配しましたが、富山市八尾に住んでいるお父さんを彦根に迎え、「これこれしかじかで全力を尽くします」と説得したことを覚えています。

仲間たちが会費制であたたかい結婚式を手づくりしてくれました。市役所への届け出は一二月八日でした。一九四一年の真珠湾攻撃、太平洋戦争開戦の日を結婚記念日としておけば忘れることはないだろうと思ったからです。

それから五年後、一人息子が誕生しました。妻は体調がすぐれず出産まで入退院を繰り返しました。おおよそ三カ月は元気で、三カ月は入院、残り三カ月は自宅で静養という状

況でした。静養の間は私が食事づくりをやりました。

息子の誕生は一二月。このころ、私は共産党の専従活動家として身を投じる覚悟を固めていました。彦根になんとしても市会議員を誕生させたいことと、遅れている湖北地域で共産党を大きくしたいという気持ちがどんどん膨らんでいました。おりしも、近江絹糸では「合理化」の一環として大量の希望退職が募られようとしていました。退職金が一〇〇万円ほど上積みされる労使交渉もすすんでいるころでした。「これは受け取るわけにいかない」となかまと相談して、正式な希望退職募集がはじまる前に決意を固め、仲川半次郎さんに妻への説得の応援もしてもらいました。妻も賛成してくれ、一九六五年四月に退職しました。快く理解してくれた妻に感謝しています。

息子について一言だけ語っておくと、大津市坂本に転居した後、党の活動で夫婦とも出かけなければならないときがありました。息子が寝たあと、二人で会議に出かけ、終わって帰ってみると玄関前で泣き疲れて眠っていました。このときばかりは「申しわけない」気持ちで思わず涙が出ました。そんなこともありましたが、幸いまっすぐ育ってくれました。

専従活動生活に入ってからは、年間に換算すれば、おおよそ三カ月を超えるほど、自宅に戻れない日々がつづぎ、六〇年代前半は給与がまともにでないこともしばしばでした。

一九七〇年一二月、西南地区委員長の任に就いたことをきっかけに七二年、大津市に転居することになりました。家探しが大変でしたが、大津の先輩、友人たちが奔走して探してくれて坂本に住むことになりました。

これらも含めて、いつも妻は理解と賛同をしてくれました。

私自身は、「さすが共産党」と感激するシーンにしばしば出会えました。湖北地区で活動していた時期、大晦日に「赤旗」新聞のポストになっていた活動家の自宅を回って、集金を終えて帰途につくころ、「まだ飯食っていないやろ」と食事を用意してくれたこと、「明日は正月だ、これもっていけ」と酒一升をいただいたり、帰宅してみると琵琶マスが届けられていたこともあります。本当にありがたかったし、共産党員でよかったと心からいえる経験を数々味わいました。

五六年間の党員としての活動のうち、大半は地区委員会、県委員会に籍を置き、役員としての活動でした。そのために自分の住んでいる地元の共産党支持者と日常会話を交わすことがほとんどありませんでした。

一九七五年の県議選に候補者としてたたかったこともあって、電車の中で声をかけてくれる人が何人もいましたが、どこのだれかわからない状況でした。そんなこともあって、専従を退いたら地域坂本のみなさんと直接触れ合って、暮らしのこと政治のことなどを語り合いながら活動できればいいなと思っていました。念願かなって、いま、坂本学区四区自治会や老人会の役員、しが健康友の会、日吉九条の会、日本共産党日吉ブロック後援会などの活動の一端を担って楽しく活動しています。

役員を退くきっかけとなった胃がん発症と全摘手術、肺がん発症と左半分の摘出などで体調を崩した時期もありましたが、地域のみなさんとワイワイガヤガヤやっていると病魔も飛んでいくのではないかと思えるくらい楽しく元気に過ごしています。

こんな幸せが長くつづき、やがて国民・労働者が主人公となる社会が実現することを願っています。

# II

# 証言編

大事に保存されていた週刊誌

# 近江絹糸で働いていた頃

元共産党長浜市議　野崎幸子さん

近江絹糸彦根工場に入社したのは、一九五四（昭和二九）年六月。働きながら学べるからと先生にすすめられたのです。

入社して一週間目の早朝、先番といわれた朝四時起床の時です。けたたましい笛の音と廊下を走る大勢の足音が響きました。これが三カ月も続いた「人権争議」の始まりでした。

寮は木造二階建てで一二部屋あり、寮長、部屋長が選ばれ、娘たちの生活全般が管理されていました。私の入った千草寮は、新入生養成寮。一人畳一枚分、押し入れも一畳分で、下の段に布団を入れ、上の段は私物入れ。一つの押し入れを二人で使っていました。

寮と寮をつなぐところがトイレと洗面所で、頑丈な鉄条網の塀が前にそびえていまし

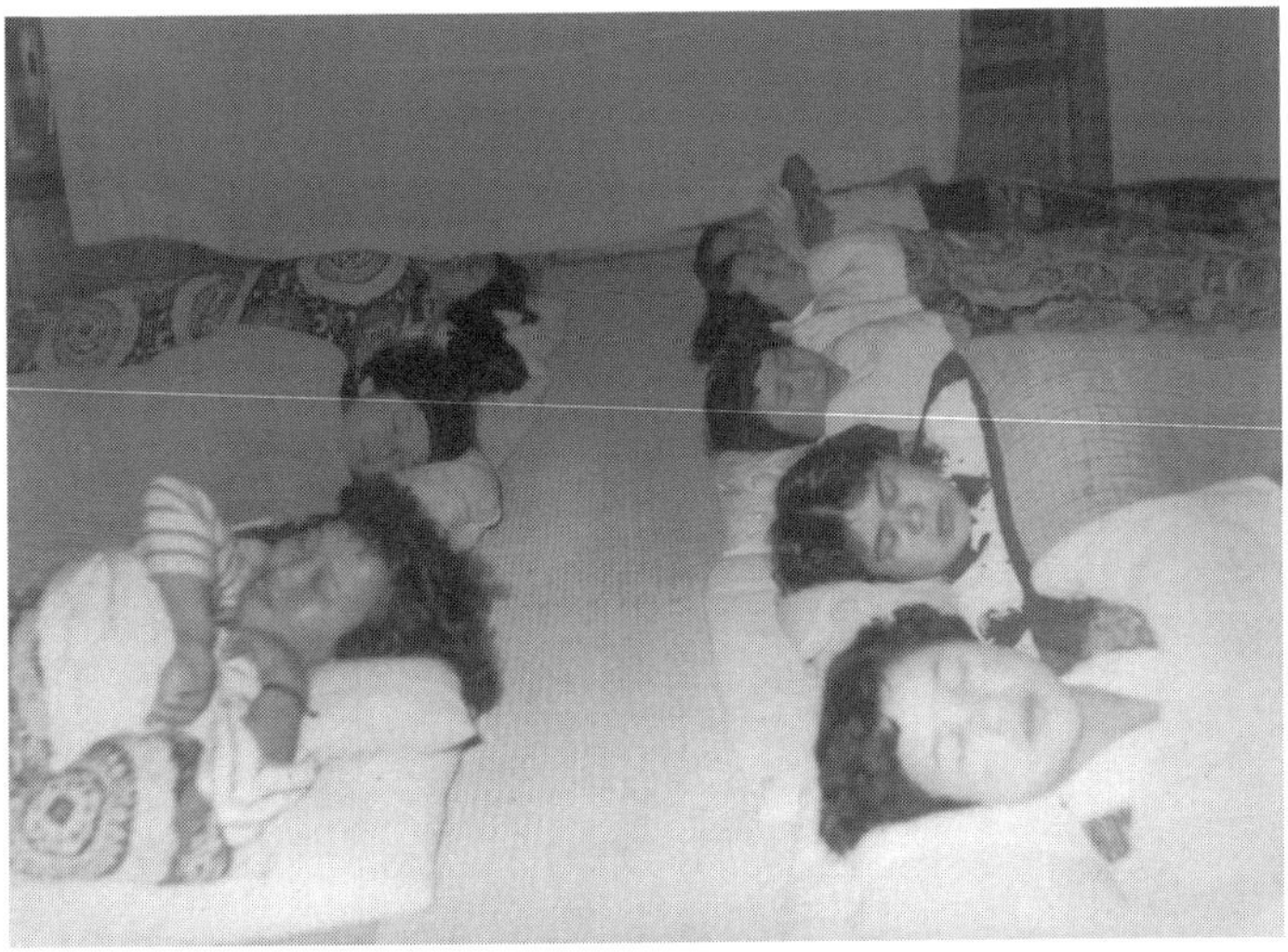

女子労働者の寮。一二畳の部屋にザコ寝

た。塀の向こうはバス通りで、小さなお菓子屋さんが二軒ありました。労働のあまりのきつさに逃げ出す時、風呂敷包みを放り投げると、このお菓子屋さんが拾って助けてくれたという話を聞きました。寮長や部屋長の厳重な監視の目があるので、荷物を持ち出す事が出来なかったからでしょう。

私たち新入生は新組合に入ることは許されず、テニスコートで行われる団体交渉の報告会を聞こうとすると、部屋長がカーテンを閉めてしまいました。

会社は、製品搬出を阻止しようとスクラムを組んでいる労働者を、暴力団に襲わせたり、食堂を閉鎖。そのとき、あの頑丈な鉄条網の塀からおにぎりが「もろぶた」（木箱）に入れられ、何枚も何枚も運び込まれたのです。近くの鐘紡の労働者からの差し入れだと放送されました。

争議が終わって何年もたってから、未解放部落といわれていた地域の人から、「労働基準監督署から『今、近江絹糸の労働者が帰ったから』と電話が入るたび、二、三人でおどしに行った」と聞きました。また、「争議に加わったり、新組合に入らないように（親元の）四国まで行きました。あんたの所へも行ったかも知れんなあ」という人にも出会いました。労働者の味方だと思っていた労働基準監督署にまで、会社は手を回していたのです。

この争議を通じ、会社の非人間性を知り、労働者の団結、連帯の大切さを学びました。これは現代にも通じるものだと思います。

（二〇〇九年五月二四日付）

## 「真剣週間」では班ごとに生産競争

元近江絹糸労働者　菊池アヤ子さん

私は七人兄妹。口減らしのためと、高校に入って勉強ができるというので近江絹糸に来ました。身体検査があり、体重の軽い私に「募集人」が、ブルマの中に石を入れるように言い何とか合格。

寮は一二人いました。一〇畳くらいではなかったでしょうか、敷布団も重なるくらいだったと記憶しています。私の職場は「精紡」といい、綿から糸を作るところでした。工場では「真剣週間」というのがあり、班に生産競争させる。通常朝五時から機械を回すのを、この時は三時から。成績がよいと、金一封をつけた熊手がその班の機械に飾られる。もらうと上の人が喜んでいましたが、私たちはもらった記憶はありません。それにA四判くらいの布袋にこぬかを入れ、廊下を磨くんですよ。寮長が太鼓をドーン、ドンドンと鳴らし、それにあわせて拭く。三週間きれいだったら、部屋長がみんなの前でなぜきれいなのか発表するんです。睡眠時間は多い人でも五時間くらいでしたね。その中を私は定時制に通っていました。

争議の始まったときは、部屋から出るなと言われてじっとしていましたが、私も労働者の一員だという思いでした。この闘いを通じて鍛えられたと思います。（談）

◇

菊地アヤ子さん（七五）は秋田県出身。一五歳で近江絹糸彦根工場に就職、近江高校（定時制）に通いながら働きました。夫の完さん（七四・元共産党彦根市議）も秋田出身で同工場元労働者。彦根市在住。

（二〇〇九年五月三一日付）

# 人生を大きく変えた「人権争議」

元共産党大津市議　高田敬子さん

私は太平洋戦争（一九四一年一二月八日勃発）の翌年、国民学校（小学校）に入学、四年生の八月に終戦を迎えました。

三歳の時父が死に、母は五人の子どもを育てるためにわずかばかりの田畑を耕し、昼も夜も必死で働きました。一五歳の春、中学卒業を前に、貧乏のどん底の暮らしを思うと、高校進学を口にすることはできず、働きながら学校に行けるという募集案内を見て就職試験を受けたのが、近江絹糸でした。

私が入ったのは富士宮工場（静岡県）で、家から歩いて一時間くらいのところにありました。配属されたのは二交替勤務。早番は朝五時から一時四五分まで、遅番は一時四五分から夜一〇時までなので、夜学に行けるどころか寮に入らないと働けなかったのです。

コーラス

仕事は、原綿から細い糸にしていく紡績工程の中で、練条・粗紡（練粗）という中間工程でした。工場には綿ぼこりが舞い、糸切れを防ぐために常に湿度を保つようスプリンクラーから霧状の水が噴き出しています。高温で多湿。こんな中で一日八時間、手を休めることなく走り回っていました。

こんな悪条件の職場でも、みんなガマンしていたのには訳があったのです。戦後の食糧難の中、農村の貧しい暮らしから抜け出したいと願っていたからです。その願いを利用して、全国の農村に「募集人」と呼ばれる、今でいえば人材派遣業者が送り込まれていました。

富士宮工場には「募集人」の誘いを受け、主に東北、長野、山梨から、中学校を卒業してすぐ集団就職してきました。

あまりにも惨めな暮らしを体験している少女たちは、「三度の飯があたる」「自分の布団で手足を伸ばして一人で寝られる」と、それだけで満足し、毎日の仕事のつらさや寄宿舎での不自由な規則、非人間的な扱いも容認していました。

私は、「上司の言うことをよく聞いて、まじめに一生懸命働くんだぞ」と言って送り出してくれた母の言葉通り、誰よりも早く職場に入り、誰よりも後まで残って仕事をし、入社して三年目には新入生の養成係になっていました。人権闘争はこの年の出来事でした。

会社の労務管理に抗議し、二二項目の要求を掲げて一〇六日のストライキを闘ったことが、私の人生を大きく変えました。それまでの私は、労働者としての意識はほとんどなく、仲間との連帯よりも自分の評価を気にして上ばかり見ていました。

人権争議を闘って、私の生き方は大きく変わりました。階級意識に目覚め、学習する中で、仲間と連帯して闘うことを知り、働く者が力を合わせて社会を変える道を、五〇年余歩み続けています。

（二〇〇九年六月一四日付）

# 私は本社の人事係長でした

長浜市在住　北村幾太郎さん

## 大卒で近江絹糸に入社

私は七人兄弟の長男として生まれました。一九四三（昭和一八）年、旧制中学卒業後、滋賀県の派遣生となり、上海の東亜同文書院大学の予科に入学し、四六（昭和二一）年一月、帰国。四九（昭和二四）年三月、神戸経済大学（現神戸大学）卒業後、弟妹のことを考え自宅通勤の出来るところにと、近江絹糸紡績株式会社に入社しました。

当時本社のあった彦根工場の総務課に配属となり、全社員の給料計算などさせられました。半年ほどして従業員募集の勤労課に変わり、全国各地から女子従業員を募集する仕事を担当するようになりました。しばらくして、岐阜県大垣市の日本電気の大きな事業所を何でも一億円とかで買収したといい、私は大垣工場へ先発隊（五人）として派遣されました。従業員が二〇〇〇人余になるまで、この工場の人事係として働きました。

当時の日本は、極端な物不足の時代で、何でも作れば売れる時代でした。会社は大変儲かり、いわゆる「ガチャマン景気」。織機を一回ガチャンとやれば一万円儲かるという意味です。近江絹糸は従業員を安月給でこき使って、日本の大紡績会社だった紡績十社に次ぐ新紡の筆頭格だったようです。会社としては、「追いつけ、追い越せ」の急成長の様子でした。こんな時代の中で、儲け第一主義をモットーとする会社が急成長しました。「資本の論理」を最優先して、従業員のことを完全に忘れた欲深い会社が生まれてきたようです。

## ベースアップ案を作ったら左遷

身体を悪くした者は退職せよというのが会社の方針で、これに怒った従業員が多くなったのも当然です。儲け主義の会社の極端なやり方に反発する者が増えていきました。

大垣工場にいたとき、ものすごく沢山の赤痢患者が出ました。長い間入院していた女子従業員が隔離病棟から出てきたので暫時休養してと休んでもらっていたら、社長がやってきて、スグ仕事させろと言い、取締役工場長と私はクビだと言われました。非人間の社長こそ非難されなければならないのに！

私は大阪本社に人事係長として転勤させられ、寮から通勤することになりました。本社では課長も部長も不在の人事係長でした。

当時女子従業員には東洋レーヨンや帝国人絹など他社の労働条件が伝わっていて、次第に他社に移動する従業員が増えていました。自分たちは「格子なき牢獄」にいると気付き始めたのでしょう。

こんな状況を知っていたので私は、従業員のベースアップ案を作って専務に提出しました。専務がよく見ずに判を押した書類を社長が見つけ、私はけしからん事をやる人間として即刻、辺境の中津川工場へ左遷させられました。「北村は危険人物」との印象を強くしたようでした。

中津川に二年ほどいて、また本社の人事係長になりました。もちろん課長も部長もいない職制で、人事面では本社の最高責任者でした。

女子従業員は低賃金で、他社への移動はしきりにありました。寮に荷物を置いたまま帰ってこなくなるというもので、夜逃げ同然です。こんな中で、「深夜業を専門にやらせる男子従業員を募集してこい」という社長命令で、深夜業専門の男子従業員が各工場に出来ました。

## 社長から「クビ」と…

ちょうど社長がフランスに出かけていたチャンスを狙って、大学卒の従業員が中心になって人権争議を引き起こすことになりました。東大、京大、早稲田出身者が主になって、闘う組合を作って全繊同盟に加入。全国の海員組合や炭労組合と手を結んで人権争議に突入していきました。私も協力を要請されました。

大阪の本社で火ぶたが切られたストライキは、各工場にも波及し、全従業員二万人余が参加して長期化。当時私は社長命でロックアウトの法的宣言のため、弁護士と一緒に長浜工場にやらされたりしていました。その中で弁護士と昵懇《じっこん》になり、時間があれば専務の了解を得て、この弁護士事務所に手伝いに行っていました。

北村幾太郎さん

そんな中、会議の名目で東京営業所に出張させられ、社長に呼び出されました。私が勝手に弁護士の事務所に行くのはケシカランと譴責《けんせき》されたのです。専務の許可を得て行っていると伝えたところ、「お前の話はもう聞かぬ」と、即刻クビになりました。悔しかったけれど、大阪に帰って離職票を受け取り、帰宅しました。人権争議で、社長は人事の担当責任者を真っ先にクビにしたと、各新聞が取り上げました。

スト後、大阪本社に人事課長で復職しないかとの誘いもありましたが、高校教師になる予定もあり、応じませんでした。結果論ですが、その方がよかったと思っています。定年まで三一年間県立高校（主に母校）に勤め、今は年金生活で百姓しながら家の守りを続けています。

（二〇〇九年七月二六日付）

【注】二〇〇九年三月二九日付、滋賀民報に紹介された『近江絹糸人権争議』（上野輝将著、部落問題研究所）を読んだ長浜市在住の北村幾太郎さん（八三歳）から「私は争議の渦中にいて解雇された。記念の書として購入したい」と連絡があったのをきっかけに、滋賀民報が寄稿を依頼し掲載されました。

# 「仏間」は閉められていた

元近江絹糸大垣工場労働者　平田みつるさん

私が近江絹糸大垣工場に入社したのは、争議が終わって一〇年後のことです。寮は一五畳に五人。争議前に比べると改善されています。それに仏間は「締切」になっていました。勤務は午前四時三〇分から午後一時半、午後一時半から一〇時の二交替。この中で四年間高校に通いました。私の働いていた頃は一番よかったときではないでしょうか。

でも当時、国鉄労働者との交流会、今で言うコンパが開かれていましたが、会社から「行くな」と言われました。また、生理休暇は同じ職場で一人しか認められませんでした。何人も休まれては困るからです。それに早退も続いてはできない。どんな理由があってもです。一度上の人とけんかしたことがあります。早退した明くる日、生理休暇を取り

仏間の仏壇

に行ったらダメといわれて。

争議後、民主化されたとはいえ、まだまだ不十分だったと思います。しかし人権争議を闘った絹糸で働いたことが、今の私の生き方につながっていると思います。

（近江八幡市在住）

（二〇〇九年八月二日付）

# ともにたたかった「熔岩詩人集団」

元「熔岩詩人集団」編集委員　よしや・いくおさん

「うら切ったな」「熔岩を燃やすなんて許せへんわ」

全繊同盟の執行部が組合員への配付、回覧を約束した「熔岩近江絹糸特集号」七〇部、そのほとんどを全繊幹部は焼却した。

労働を終えて「熔岩詩人集団」の仲間たちは編集局・大西作平宅（のち、なかのふみこ宅）の印刷部屋に集まってくる。詩を作り、集め、編集し、ガリ（版）を切り、謄写版で一枚一枚刷り上げる。折り、のりづけし、裁断し、一冊一冊つくる。

「これからは一つひとつ手渡そう」「塀の上から詩のビラの束を投げ込むのよ」。「熔岩」は彦根を根拠地に一九五二年五月一日「血のメーデー事件」の日に産声を上げた。「熔岩」は人権闘争を応援したのではない。詩を通じて、ともにたたかったのである。圧倒的多数の市民の支持を背景にして。

全繊幹部は他労組、団体の共闘や支援をきらった。とくに「アカ」の匂いのする集団を敵視した。「熔岩」編集部は「特集号」の焼却に抗議して声明を発表し、以後八三号をはるかに越えて発行された。

なお、編集委員会の中には、日本共産党員たちもいた。これは歴史上の事実であるから付記しておく。

（彦根市在住）

（二〇〇九年八月二日付）

# 教えられた「要求で団結」

元近江絹糸大垣工場労働者　似里《にさと》トシエさん

私は近江絹糸で六〇歳の定年まで働き続け、六年前に退職しました。昭和三四年、中学校卒業と同時に集団就職列車に乗って、九州の熊本から岐阜の地へ。大垣工場に入社したのです。以来四五年、同じところで働いてきました。今の若い人たちには想像もできないことかもしれません。

近江絹糸には、昭和二九年、二二項目の要求を掲げて一〇六日間のストライキを決行し、人権争議で有名になった労働組合がありました。私の入社は争議五年後。戦後、新しい憲法の下で働く者の人権が認められるはずだったのが、経営者は認めず、労働組合は世論も味方にして勝利を勝ち取り、人権が確立されていったのです。

五〇年たった今でも、職場を働きやすくするための組合活動で知り合った仲間との交友が続いています。

争議を体験した人たちからの指導で、働く者の要求で団結することを学びました。また、労働者の権利と義務を自覚し、戦争を憎み平和を愛する、働く者の誇りと自覚が育てられました。

特に女性は勤続年数も短く、男性並みに定年まで働くにはいくつもの困難を乗り越えなければなりませんでしたが、組合があったことで、一人の要求はみんなの要求として闘い、仕事を続けることができました。

労働者一人一人は弱いのです。要求で一致団結することを瞳のように大事にしなければならないと力説された先輩たちの教えは、今の若い人たちにも通じると、最近の労働事情に心を痛めながら思っています。


（岐阜県安八郡在住）

（二〇〇九年八月二日付）

# 補：高田弘さんを送る

高田弘さん

あなたの訃報連絡を受けた時、悲しみ、悔しさを通り越して、「なんでや」と腹だたしさのような気分に襲われました。あなたを失うことは残念で残念でなりません。

近江絹糸人権闘争の指導者のひとりであった高田さん、昨日があれから六〇年の節目の日でした。昨年七月、「人権争議ミニ写真展」を共に取り組みました。

展示した写真の一枚に高田さんの若かりし日の写真がありました。この写真は当時の読売新聞に掲載されたものです。このミニ写真展には一〇〇人を超える人たちが訪れてくれました。

高田さんと私が日本共産党の一員となったのは、一九五八年一〇月です。直後の六〇年安保闘争では、毎日のように農村地域に出かけ、署名を集め、募金を募って、米原から夜行列車を利用して東京で開かれた全国的な集会に参加しました。

選挙闘争も大変だったね。六〇年代の参院選などでは、公示前日にトラックに自転車を積み込んで長浜市まで運んでもらい、公示日にその自転車でポスター張りに出かけました。参院選は梅雨時なので田んぼのあぜ道と川の境目がわからず、自転車もろとも川にはまったこともありました。地方選挙では、オルグ先の湖北の地から夜中に帰ってきたことも何度もありました。東京都議選にも応援にいったよね。

敬子さんの選挙闘争を支え、連続当選をかちとってきた高田さん。

何よりも瀬崎博義事務所のメンバーとして、衆議院議員・瀬崎さんの五期一四年間を支えてくれた高田さん。苦労が絶えなかったことでしょう。ともに活動した立入君、林君、和所君、みんな元気だよ。

しんぶん「赤旗」を増やす活動も大変でした。見本紙をもたされて「この地域を回ってこい。増えるまでがんばれ」という行動を繰り返しました。そういう努力があって、近江絹糸彦根工場の党組織が三〇人を超える時代をつくったのも懐かしい思い出です。

十代で経験した近江絹糸人権闘争の百日を超えるストライキの中で、労働者の勝利を信じて疑わなった高田さん。共産党員として、専従活動家として、厳しい情勢のときも、活動上に生まれる困難も、持ち前の楽天主義で乗り切ってきた高田さん。私にとってかけがえのない先輩であり、戦友でした。

実は、高田さんをはじめ多くの仲間に背中を押されて、近江絹糸人権争議のこと、半生を振り返って思うことなどを冊子にするべく、目下、悪戦苦闘中です。出来上がったら真っ先に見てほしかった。

昨年、朝倉克己氏と会ったときに「高田君は元気にしているか」と尋ねてもらったことを思い出しました。そのとき、朝倉氏いわく「彼は彦根では真っ先にカメラをもった男だ、二人しかいなかったよ」、また「職場が自動車部だったこともあるが、当時としては数少ない車の免許も持っていた男だよ」と。

若い時はバレーボールの選手だった高田さん、触発されて私もバスケットボールの選手として県体に出たものです。年を重ねるなかで囲碁を楽しんだ高田さん。晩年はお互いに病魔と闘わざるを得なかった間柄です。

あなたを失った淋しさは長く続きそうです。近江絹糸時代も共産党の専従時代も、思い出を抱きしめて、高田さんの志を受け継いで力いっぱいたたかい、生きてゆきます。

安らかにお眠りください。

白石道夫

二〇一四年六月八日

# III

# 資料編

ラップ
リストラ 俺はイヤだ
発刊のことば
生休・有休を シボラナイでネ

職場新聞「ラップ」創刊号

# 職場新聞「ラップ」創刊号

注：翻刻は原文どおりとしました。□は欠損文字です。

トイレに設置した大学ノートの「ラクガキ帳」は、働きやすい職場づくりのために、仲間たちがどのような要求や願いを持っているのか、率直に気軽に書けるものとして活用されました。「混打棉」の職場新聞『ラップ』はその「ラクガキ帳」の意見掲載から始まりました。その第一号を半世紀も大事に保存して下さった故辻保治さんと大阪エル・ライブラリーの皆さんに感謝申しあげ、ここに復刻掲載するものです。

ラップ　三一　一二　二四（昭和三一年一二月二四日）　NO1

発行所　彦根支部　混打綿　この新聞を仲間たちと話し合おう。

## 発刊のことば

やっと新聞が出来ました。

女子だけでなく男子も協力したことは本当に良かったと思います。

以前から職場の中が面白くない、暗いとみんなが口々にさけんでいました。こんな中で新聞でも作ったらと思う人も多かったのです。そして、やっと今年もかぞえる程になった今日発行することが出来ました。

この「ラップ」に書かれたことが職場会で、また組合で少しでも解決したら職場の中はどんなに楽しく、明るくなることでしょう。

みんながこれを望んでいます。

一致団結して「らくがき」を、新聞を育てゝ、職場を明るく、楽しくしよう。

混打綿職場新聞バンザイ!!　　白石

## エキストラ　俺はイヤだ

Nさんは必至《ママ》になってH君と交渉しているらしいが、どうも我々にはわからん。だいたいですよ、Nさん一人が個人的に交渉してるより、職場会でみんなと一緒に、討議すれば良いのだ。もちろんオレは反対するがね、主任代理に一人出ると我々のようなエキストラは、主任の下で、またその代理の下で仕事をやらんとあかんようになる。注油はやらんし、スケールを持って主任代理ですと、云わんばかりの顔をしやがって生意気だぞ！

主任がいない時の代理であって主任のいる時は、我々と一緒だぞ、このヤロウ!!

注油もやり、みんなと一緒にやってはじめて面白いのだ。

もっと考えてエキストラのいないようにしてもらいたい。

## きらいだあの人

らくがきと云えば、何時も職制こうげきになるが、職制にも書いてもらわんと何にもならないのではないか。

彼らが書かんことには、この前みたいにやぶるようなことになるんだ、自分は役員をやっている身でありながら、あんな、はしたないことをやるんだから全く我々、選挙をした者が、阿呆らしくなってくる。組合では副支部長、工場では主任ということをわすれないでもらいたい。

人に聞けば近頃、生産が上ったとか、それはNさんがみんなの後を追い回して出来た結果であるのだ。何のためにストまでやって斗ったのか、サボルとは言わない、便所まで時間、回数を制限されたんでは誰だって嫌がっておこりますよ。おまけに「らくがき」だからと思って書いたのに、やれ、名前かいてはいけないのと制限されたんでは、一体我々の不満はどこえ当ればいゝのだ。エーコラ、オイ、キサマは仲間はずれしてもよいのか。組合は弱くなってもエヽのか、口先だけでえらそうなことを云ってばかりいる。少しでもそれを実行したことがあるか、生意気なことを云うな、これからそんなことといっているとブンなぐるから用心しろ

男子寮のボス

## 手洗いは是非時間内に！

主任さんに一言、云いたいことがある。

今、混打綿では時間になってから手を洗うようになっていますが、私は前のように五分か十分前に洗ってよいと思います。

出勤中によごれた手ですから、時間内に洗って帰えるのが当たり前と、思います。

これからはこのようにして下さい。

## 主任さん大人になって

主任さんが私達に早く大人になってくれと云う。

私は主任さんに大人になってくれと言いたい。主任さんは私らと一緒に話すのがバカくさいような云い方をする　いかに自分がえらく、かしこくてもみんなに信用されず不満をもたれるようでは他の人には良くは見えないだろう。自分が利功だと思えばもう少しみんなに親しくして信用される人間になって下さい。

私はこれだけでも実行してもらいたいと思います。

A子より

## 生休・有休をシボラナイでネ

Kさん、組合大会や職場会にもっともっと、協力してもらいたい。職場会をするたびに自分から進んで出席したことが、ありますか？　それから、有休や、生休をもらう時に、今まで気持ちよく休ませてくれたことがありますか。

何時も、にが虫をかみつぶしたような顔をして、休んだ気が全然しないわ。みんなに、にくまれてもい、のですか。自分が損ですよ。主任さん、もっと気持ちよく下さったらどうですか。

そうでないと欠きんも多くなるし、台付をしても面白くなくなって、サボるようになるんですよ。

大々《ママ》ですね！

生休とか、有休などは自分の休みたい時とか生理の時にとるものなんですからね。いくら主任でも「だめだ」なんて云うことは、ほんとうにけしからんですよ。

全くこんな調子では、やりきれんですよ。

## 会話

「うちの主任さんなんでこわい顔して歩くのやろ」。

「ほんまやわ、どうしてなのかわからんし、もし、困ったことが、あるんならみんなに話したら良いのに」。

「うちらに云うのが、アホらしいのやろか」、

「アホらしくても話し合ったら、もっともっと、みんなと親しみが出来てくるのにネ」。

「そうだわ」。

「こんど会ったら、云ってみようか」

ある日の混打綿より

## 馬鹿でも人間だぞ

主任さん、人間を信頼しましょう。

私らは毎日毎日働いているが、なんのたのしみもない。

一生けんめいに働いても、主任さんは、なんの理解もなく、ほんとうにくやしいわ。ナンボ、バカでもいゝからもっと人間なみにしてチョウダイ！

主任さんは、口のうまいのは日本一だわ、だけど世の中は口だけでは、渡って行けないからね。

人を信用出来ないのは悲しいことだということを知らないの。

職場の仲間をもっと信用しましょう。

A番一同

## ムスメさんしっかりやれ

主任をおそれていたらあかんぞ！
ワシが応えんしてやるからガンバレ！

## 油

ラクガキうんどうの成果は出来つゝある。A番のみんなはこの前のことでくじけることなく、自分の思っていることをえんりょなくラクガキに書いてもらいたい。そうすることが、我々の団致《ママ》なのだ。負けてはいけない。何をするにも大いに自信をもってやることだ。

みんなの建設的な意見をのぞむ。

## 職場会はみんなで！

代議員が、気をもんでいるのに何故もっと協力できないのでしょう。

職場会をやっても云う人が決まっていてみんなだまっているの□。もっと自分で自分の職場のことをしんけんに討議してほしい、代議員ばかりの職場会ではないのです。この新聞が出来たのを幸いに書かれてあることとみんなで話し合う。そうすることによって職場が明るくなるのである。

これからはもっと自分たちでしっかりやりたいものです。

代議員一人では何をしても後が続かないことをみなさんも良く理解して、完全に私達の要求を取るためにがんばらないと混打綿は苦しくなるばかりです。

## 組合の斗い

一時金のことだが、出勤率の査定の時は帰省等は欠勤の中から除外してはどうだろうか。日常まじめに皆勤していても何かの都合で帰ったばっかりに一律分だけになったりすると働きたくなくなる。

定昇のことも同じことが云える。こんなことをするから無理して、出勤するようになるのだ。もっとしっかり斗おう。

## 替歌

モシ〳〵
　主任さん
台付　もし〳〵混打綿の主任さん
　貴方の気持ちはわからないあんまり台付にらむなよ
　どうしてそんなににらむのか、
主任　なんとおっしゃる台付さん
　これでも私は主任だぞ
　台付のくせに何云うか
　文句を云わずに台回せ。
台付　そんなに回せと云ったとて、
　給料が安くてあほらしや。
　自分の体がだいなしや、
　もったいないわい、無理するな

うさぎとかめの替うたです。

## ラクガキ運動の危キ

M氏ラクガキ帖を破り捨てる

十二月十三日午前七時四十分頃、当職場に於いてA番主任M氏が新聞に寄せるラクガキ帳にM氏の本名が書かれている批難文を読んでいたが終わるや否や、数枚をモギ捨ててしまった。これに対して怒りに満ちた投稿がとゞいた。

M氏に一言

貴方の過日の行動に対し、私は怒りを感じながらも、理性の中で何故、破り去られたかの理由を問えば、いと簡にして、自分の「本名を使用したからだ」とのことでした。私は此処にラクガキ帳や、その他の文面に本名を使用する事の是非について論じようとは考えない。只貴方がラクガキ帳を感情のままに破り捨てたことに対して寸言したい。

貴方は会社にあっては中堅幹部の紳士として、又組合に於いては指導的立場にある斗士であろう。されば組合のラクガキ運動が如何なる重要性をなすかは賢明な貴方にはお判りと思う。一般に組合員が弁に代りて筆を有し、自己の意志を表現し第三者にその意を通じさせて、その人の意志の価値が存在するのである。

私はあえて強く抗ギする。貴殿は当職域の自己主張の自由を冒涜す前に追へやったのである。目に見えぬ暴力で私達の声を押えているのだ。人間、自己の欠陥を指摘され、始めて進歩成長があると思う。批判されても堂堂とそれに対する位の気骨を有する人物になるべきだ。

私は全組合員の怒りの先に貴殿の責任を要求する。退陣ばかりが責任ではない。明朗な働き易い職域に又正しい組合活動に徹するのが貴殿の第一に為すべき事ではなかろうか。この書簡により混打綿が明るくなれば幸甚の至りである。

H生

## 仕事の差別が嫌いだ………貴方はきらわれている

親父よ、何故特別な人間だけ可愛がるのか。我々凡人には解らん。

保全室の掃除やらゴミ捨てばかり。特別な仕事も同じ者ばかり。これでは皆の気持ちもはなれていくのは当然だ。定期掃除にしろ同じだ。これも親父の取扱いがそうだから彼等も後始末などせん。阿呆らしくて仕事など真面目に出来るか。

誰だって上役には良く見られたいもんなあ。この世の中で事が暴力ですむものなら横面らを思いきりなぐってやりたい。いや殺してもやりたい。これ位腹がたつんだ。C番の行為に一言、貴方は主任代理を個人的に交渉しているようだが何故職場会で説明をして皆の意見を聞こうとしないのですか。仕業中にジロジロ見るな。気持ち悪くてかなわん。貴方は職場の大半の人達に嫌われているから日常の生活がうまくいかないんでないか？　脳がいけないいんですね。

## ‼停転時記入反対‼

ラップカードに停転時間を記入する様なってから私達は無意識の中に競争心を燃やしているのじゃないでしょうか。このことについては命令されたからするのでなくてもっと私達でけん討する必要があるのじゃないでしょうか。会社は何を意図しているのか？

今のままだと労働強化に自然そうなって行くように思われる。

工場がおもしろくないのでもっと気楽に働ける工場になる様皆で協力しましょうね。

## コント

・島根県庁全焼す重要書類持ち出せず
これが俺の借金してるところだったらなあー。
うれしいんだろうきっと…夢サ──

・□□□□

・虫が好かんから…
ほこり高き男主任に理由ある反抗し哀愁列車にのって行きたくなったニコ□ン女子工員。　ＫＫ

・貴方ばかりの落書帳でないぞそれを破るとはけしからん。一度国定忠治に弟子入りしてた丶きこんできたまい。
森の石松より

・定昇や一時金があっても良いやらわるいやら成績差定《ママ》が気にくわん。

・親友までがほんまににくらしや　トホホホ

## 編集後記

ラクガキをもとにしてやっと出来ました。二十四日発行する予定でしたが私たちの熱意が一寸欠けて今日になったことをおわびします。

今度は文芸らんも作って皆さんの投稿をどんどんのせたいと思っています。

編集員一同

【言葉の解説】

●混打綿

綿紡績の一般的な行程は、一、混打綿、二、カード、三、連疏、四、精紡、五、仕上の順である。最初の混打綿職場では約三〇〇キログラムの綿のかたまり（鋼で縛っているもの）の鋼をほどき、繊維を伸ばして綿状にし、これを巻いたものがラップである。当時、混打綿職場は交代勤務者を含めて総勢三〇人程度いたと記憶している。

●A番、B番、C番

紡績は一般的には、直接生産に携わる女子労働者は二交代勤務となっている。勤務体系は午前五時から午後一時四五分まで、午後一時四五分から一〇時半までである。この勤務を、A番が午前五時から勤務するとすれば、B番は午後一時四五分からの勤務となる。これを一週間交代で務める。

C番は、午前七時四五分から午後四時半までで、主に男子労働者が機械の保全作業に当たる。

これ以外に、深夜労働があった。午後一〇時半から翌朝の五時までの勤務で、直接生産に携わった。一週間単位の交代制であった。

●「台付き」

一般的には機械を担当する労働者のこと。混打綿職場では一人一台であった。

●「注油」

文字通り機械に油をさすこと。

# 近江絹糸「人権闘争」年表

## ――近江絹糸紡績労働組合刊行『解放の歌よ高らかに』などから作成

■日本の動き

一九四五年　八月　日本軍国主義の敗北。

五二年　四月　サンフランシスコ条約・日米安保条約発効。

七月　全国地域婦人団体連絡協議会結成。

五三年　四月　日本婦人団体連合会結成。

一〇月　池田・ロバートソン会談でＭＳＡ対日援助とひき換えに保安隊増強、教育の軍国主義化を取り決め。

五四年　三月　米国がビキニ水爆実験、第五福竜丸が放射能被災。

六月　防衛庁設置法、自衛隊法公布。

繊維相場の暴落がつづき、紡績協会が不況打開特別委員会を設置。
一二月　造船疑獄で吉田内閣総辞職、第一次鳩山内閣成立。
五五年　六月　第一回日本母親大会。八月　第一回原水爆禁止世界大会。
五六年一二月　国連総会が日本の加盟を可決。

## ■近江絹糸をめぐる動き

一九五四年　五月二五日　大阪本社労働者有志が労組結成、ゼンセン（全繊）同盟に加盟。
五月二七日　ゼンセン同盟が近江絹糸民主化闘争委員会を開き、宣伝・組織対策を確立。
六月　二日　本社労働者一五〇名で労組決起大会を開催、二二項目の要求を決定。
三日　労組が二二項目の要求書を提出、会社側は拒否。
ゼンセン同盟が各工場でいっせいに宣伝戦を開始。
六月　四日　労組臨時大会を開催し、無期限ストに突入。
四日　岸和田工場労働者が六〇〇名で労組結成し、翌日からスト突入。

七日　彦根工場労働者が一五〇〇名で労組結成、ただちに無期限スト突入。
八日　会社側が彦根工場ロックアウトを通告。
九日　中津川工場労働者が七〇〇名で労組結成、ただちに無期限スト突入。富士宮労働者も六〇名で労組結成。
会社側が中津川工場でロックアウト通告。
一〇日　大垣工場労働者が一三〇〇名で労組結成し、ただちにスト突入。
一一日　夏川社長が欧州から帰国。岸和田工場でもロックアウト通告。
滋賀県教職員組合が、教え子の就職拒否を声明。
一二日　津工場労働者が四〇名で労組結成。
大垣市、富士宮市の市民が闘争の全面支援を声明。
一三日　彦根工場で食堂閉鎖の攻撃。労組ははじめての市内デモ行進。
近隣の鐘紡労組や市民などがにぎりめしの差し入れ。
二二日　ゼンセン同盟・労組が、東京、大阪で「人権争議」真相発表大会を開催。

二四日　名古屋営業所労働者が八名で労組結成。
二六日　小坂労相が、三菱銀行頭取ら財界三氏に争議調停を依頼、二七日に団交を確約、給食再開と協定書調印。二八日に夏川社長、ゼンセン同盟書記長と会談し、団交を約束するも、岸和田工場での社長負傷事件（七月四日）や団交へのゼンセン同盟不参加に固執したことなどもあり、会社側が団交拒否、斡旋不調に（七月一三日）。
二八日　長浜工場労働者が無期限スト突入。
津、富士宮が無期限スト突入。
三〇日　近江絹糸紡績労組が単一労組結成大会。全工場でゼンセン同盟加盟労組が結成された。
七月
三日　東京支部がスト突入。
執行委員の一人が死をもって会社に抗議。
一二日　労組が鹿児島県など一一県に家庭対策オルグ団を派遣。
一三日　ゼンセン同盟が富士宮工場に、原料製品の搬出入阻止のため五〇〇名の応援隊を派遣。

一六日　吉田内閣が、近江絹糸への求人紹介停止を閣議決定。また労基法違反摘発方針を決定。一八日には、労基法違反問題で全工場一斉に摘発。二八日、衆院労働委員会の喚問に、労組側から参考証人として一八名が出席。

一七日　中央労働委員会が職権斡旋に乗り出す。二六日、五日間の休戦に関する斡旋案を提示。二七日、労組、会社側双方が斡旋案を受け入れる。しかし、二九日に労組は休戦によりピケを解除するも、会社側は「休戦協定」を無視し、各工場で製品搬出を強行。

二二日　海員組合が、製品の運送ボイコットを指示。

二四日　労働者総数一万一七五三名、新労組加入九六四〇名、旧労組二〇三二名となったことを発表。

争議時、労働者構成は一万二六二八人（男三三〇六人　女九三二二人）、一八歳未満七二〇五人

八月　三日　中央労働委員会が、第一次斡旋案を提示。四日、労組、会社側ともに斡旋案を受け入れる。

一〇日　団交決裂。労組は斡施案にもとづき午前五時より、いっせいに就労闘争。

一一日　会社側、書記長他八名の労組幹部に解雇を通告。中央労働委員会、第二次斡旋案を提示。

一二日　労組及びゼンセン同盟が第二次斡旋案を拒否、再び無期限ストを指示。一三日、中央労働委員会が斡旋打ち切りを発表。

一七日　ゼンセン同盟が、生活資金として一人二〇〇〇円支給を決定。

二二日　労組は、解雇通告を受けた七六名分の「解雇」通知を一括して返上。

九月　一日　九州、東北各県に、家庭対策オルグ団を二〇〇人規模で編成し、各地での真相発表会、資金カンパ活動などを強化した。

三日　イギリス労働党代表が富士宮工場を視察。四日、イギリス繊維労組がゼンセン同盟に争議資金として一千ポンド（約一〇〇万円）をカンパ。

一二日　中央労働委員会が第三次斡旋案を提示。

一三日　労組執行委員会、ゼンセン同盟中央執行委員会が、斡旋案受諾を決定。会社側も受け入れた。

一六日　中央労働委員会において、四者（中労委、労組、会社、ゼンセン同盟）が午後四時四五分、協定書に調印。争議発生以来一〇六日目に解決。

ゼンセン同盟会長が、「人権闘争勝利声明」を発表。

一七日　操業を開始し、いっせいに就労。

・その後、勤務形態としての「輪番休日制」を廃止し、「いっせい休憩」に。また「専門深夜番制度」も廃止（九月二四日）。舎監制度を廃止し、自治会制度に移行（一〇月一日）。各自治会に専従者を配置（一一月二一日）。

・人権闘争記録映画『立ち上がる女子労働者』完成（一〇月二八日）。また手記『解放の歌よ高らかに』を刊行（一二月二九日）。

・ユニオンショップ制度獲得（一一月一七日）。賃上げ三〇％要求の満額獲得（一一月二〇日）。一年契約者の身分保障、いっせい休日・休憩、不当解雇者の職場復帰などについての協定書調印（一二月四日）。

・定時株主総会で、三菱資本などからの新経営者を受け入れる（一一月二三日）。この時点で、設備四八万二六六四錘、織機一九四八台。

# あとがき

私は近江絹糸彦根工場で約一〇年間働きました。

最初の数年間で労働組合運動の明と暗を経験したことは、その後の人生にとって大きな影響を与えることになったと思っています。

人権争議から四年後の一九五八年一〇月、二〇歳で日本共産党に入党しました。その五年後、共産党の専従役員として活動することになりました。

今、子ども時代を含めて七〇数年間を振り返って、いくつか大切にしてきたことがあります。

「歴史に学び、歴史をつくる」ことを大事にしたいと思っています。社会を変える運動だけでなく、人生そのものを生きていくうえで、「大志と気概」をもってあたることを心がけてきたつもりです。

私たちが享受している自由と権利が、先輩たちの血と汗でたたかいとられたものであり、その歴史を学ぶ、そして、先輩たちがめざしてきた「社会を変える」「国民が主人公の社会を実現する」夢をひきついで、気概をもって現実の困難を突破するために動揺することなくたたかうということです。

私は日本共産党員としてほとんどの期間、地区・県委員会の指導部の一員として活動してきました。役員を辞めたら、地域のみなさんと直接触れ合って、暮らしのことや政治のことを語り合いながら活動できればいいなと思っていました。いまその念願がかない、しが健康友の会、日吉九条の会、日本共産党日吉ブロック後援会をはじめ地域自治会や老人会などで、地域のみなさんとかかわって楽しく過ごしています。

本書は二〇〇九年五月から七月、滋賀民報に連載した手記に加筆訂正したものです。「Ｉ　体験者がつづる近江絹糸人権争議」の本文中、七、八、九を新たに書き下ろしました。

「Ⅱ　証言編」は番外編として、滋賀民報に掲載された当時の関係者の証言です。本書への掲載をご快諾下さった皆様に厚くお礼申しあげます。

また、連載当時から滋賀民報の小林伸子さんには、ほんとうにお世話になりました。ありがとうございました。

私の人生の出発点ともなった、近江絹糸の闘いの記録を、このような形でまとめられたのは、多くの仲間たちのおかげです。関係者の皆様にも厚くお礼申しあげます。最後になりましたが、文理閣の黒川美富子さんに格別のお世話になりました。感謝申しあげます。

いま、後期高齢者となった身ですが、人権争議当時の若々しい気持ちを忘れることなくがんばりぬきたいと思っています。

二〇一五年二月

白石道夫

編著者紹介

白石道夫（しらいし　みちお）

| | |
|---|---|
| 1938年8月 | 愛媛県今治市に生まれる。小学校1年のとき、空襲を逃れて桜井町宮ガ崎に疎開。 |
| 1954年6月 | 桜井中学を卒業と同時に近江絹糸紡績彦根工場に就職。 |
| 1964年3月 | 近江絹糸紡績彦根工場を退職し、日本共産党滋賀県湖北地区の専従役員となる。<br>その後、日本共産党湖北地区委員長、西南地区委員長、大津湖西地区委員長、湖南地区委員長、県副委員長などを歴任。 |
| 2004年4月 | 日本共産党役員を退き、地元・大津市坂本で諸活動に参加。 |

体験者がつづる近江絹糸人権争議
——自由と人権を求めて

2015年3月10日　第1刷発行

編著者　白石道夫

発行者　黒川美富子

発行所　図書出版　文理閣

京都市下京区七条河原町西南角〒600-8146
TEL (075)351-7553　FAX (075)351-7560
http://www.bunrikaku.com

印刷所　亜細亜印刷株式会社

ISBN978-4-89259-760-2